어떤 위기와 절망 속에서도
끝까지 답을 찾는
당신이 바로 '담쟁이 인재'입니다.

_____ 님께

_____ 드림

방법이 없는 것이 아니라 생각이 없는 것이다

답을 내는 조직

| 김성호 지음 |

목차

현실의 벽을 넘는
'담쟁이 인재'가
필요하다

"우리 조직에 치열함이 사라지고 있다."

벤처신화를 쓰며 승승장구한 어느 국내 대기업 CEO의 말이다.

열정으로 글로벌 기업들과 싸워 절대강자가 되었건만, 그는 여전히 긴장의 끈을 놓을 수 없다고 말한다.

"글로벌 강자였던 소니, 노키아, 닌텐도 등 퍼스트무버(first mover)들도 추락하고 있다. 우리도 내부에 치열함이나 혁신성이 사라지면 경쟁사를 이길 수 없고 세계로 나아갈 수 없다. 그런데 다른 대기업에서 일하다가 '편하게 지내겠다'는 생각으로 우리 회사에 왔다는 사람이 있다. 충격이다."

어느 경력직원이 '편하게 일하려고 이곳에 왔다'고 한 이야기를 우

6

연히 전해 듣고 일갈한 내용이다. 지속적인 노력 없이 한번 1등이 영원한 1등이 된다는 보장은 없고, 절대강자도 계속 절대강자가 된다는 보장은 없다. 그들 업계도 검색 분야, 모바일 분야, 오픈마켓의 혈투, SNS의 진화 등 시장의 변화도 빠르고 어느 것 하나 만만치 않다. 특정 업계뿐 아니라 모든 업계가 다 그렇다. 우리는 눈앞에서 벌어지는 퍼스트무버들의 몰락을 반면교사 삼아 혁신성이 살아 있는 기업풍토로 진화해야 한다. 많은 연구기관이나 학자들도 21세기 기업들이 생존하기 위해서는 예전에 경험하지 못한 시장의 빠른 변화 속도에 적응할 수 있어야 한다고 경고하지 않는가? 고객과 시장의 변화보다 더 빨리 독하게 혁신해야 살아남을 수 있다는 의미다. 일에 대한 집중과 몰입으로 밀도를 높이고, 속도를 내야 한다. 그런 마당에 편하게 지내고 싶다니.

현재 우리는 'OECD국가 중 근로시간은 가장 길고, 생산성은 최하위'라는 조사결과를 수년째 듣고 있다. 물론 많은 기업들이 지속적인 노력으로 글로벌 시장에 진출해 많은 성과를 내고 있다. 하지만 요동치는 세계경제 속에서 안심할 수 있는 기업은 하나도 없다.

조직은 단 한순간이라도 '이만하면 됐지' 하고 안주해서는 안 된다. 현재 실적에 안주하기 시작하면 새로운 것을 시도할 생각조차 하지 않게 된다. 혹시 다른 것을 시도하다가 잘못되기라도 하면 자기 자리가 위태로워질 수 있기 때문이다. 특히 큰 탈 없이 무난하게 살아온 똑똑해 보이는 사람들일수록 실패의 후유증을 더 두려워해서, 안전하고 익숙한 선택만 하려는 경향이 강하다. 새롭게 변신하거나 고통을 감내해야 하는 일들은 꺼리고, 해오던 대로 현상유지만 하려는 것이다. 총대 메고 위기에 빠진 회사를 구하겠다는 사람은 어디에도 없다. 기업경영에 이만큼 아찔한 리스크가 또 어디 있겠는가. 아무도 책임지지 않는 조직이라니!

신입사원들이야 해온 게 없으니 안주할 것도 없어서 차라리 낫다. 문제는 어느 정도 자리를 잡은 경력직원들과 리더들이다. 이런 사람들은 본인이 대충주의에 물들어 있는 것은 물론, 부하직원이 한번 제대로 해보겠다고 나서도 시큰둥해할 뿐 별달리 지원해주지 않는다.

이런 상사 밑에서 일하는 부하직원은 지금 당장은 좋을지 몰라도 길게 생각하면 결코 행운이 아니다. 신입 시절에 실패하고 혼나가며 배운 게 없으니, 나중에 가장 열심히 일하고 실력발휘를 해야 할 연차가 돼도 몸에 익은 노하우가 없다. 더욱이 그때쯤이면 대충주의를 용인해온 회사와 조직이 위기에 처하게 된다. 직장생활의 꽃을 피워야 할 나이에 쫓겨날 걱정을 해야 하고, 회사를 옮기려고 해도 할 줄 아는 게 없으니 좌절만 하게 되는 것이다.

이처럼 현재에 안주하다가는 조직이든 사람이든 결국 망하게 돼 있다. 사람들의 실력이 자라지 않고 의욕적인 사람이 실력을 100% 발휘하지 못하는 기업에는 미래가 없다. 그런 토양에서는 새로운 사업은커녕 자라던 것도 말라죽게 마련이다.

회사는 놀고먹는 직원 양성소가 아니다. 현실적으로 그렇게 될 수도 없다. 아무리 시스템이 좋은 기업일지라도 '내가 책임질 것도 아닌데'라는 생각으로 적당히 타협하는 직원에게는 결코 좋은 결과를 기대할 수 없다.

가장 이상적인 회사는 책임감 있게 일하는 사람이 많되, 그 책임이 개인에게 돌아가지 않는 조직이다. 모순처럼 들리는가? 그렇지 않다. 모든 책임은 내가 진다고 말하는 리더, 서로 책임지고 일하겠다는 직원이 많으면 성과가 계속 나온다. 그것을 다시 개선하고 수정하는 과정을 지속하다 보면 절대적인 우위를 낳는 기업으로 발전한다.

"우리는 모든 임직원이 실수를 거듭할수록 성공에 가까워진다는 생각으로 새로운 도전에 적극적으로 임한다."

3M의 어느 임원의 말이다. 세계에서 가장 혁신적인 기업으로 손꼽히는 3M에는 '실패에는 관대함을, 성공에는 보상을'이라는 단순하고도 강력한 원칙이 있다.

그런데도 주위를 보면 언제부터인가 현실의 벽을 넘어보겠다는 사람이 되레 '피곤한 사람' 취급받는 이상한 풍토가 있다. 의욕적으로 뭔가 추진해보려고 하면 친한 동료들도 괜히 나서지 말고 조용히 있으라고 눈치를 준다. 몇 년만 버티면 승진인데 왜 사고를 치느냐는 것이다. 내일모레가 정년이니 하던 대로 하자는 사람도 있다. 힘들게 현실의 벽을 넘으려는 사람에게 도리어 '풍파 일으키고 갈등을 조장한다'고 손가락질을 하기도 한다.

실제로 컨설팅과 강연활동을 하면서, 그리고 뉴스 기사를 접하면서 안타까움을 넘어 위기감을 느낄 때가 한두 번이 아니다. 기술이 있거나 없거나, 인재가 많거나 적거나, 지금 잘나가거나 그렇지 못하거나 상관없이, 최근 많은 기업에서 일종의 '패기'가 사라진 것을 절감하기 때문이다. 어떻게든 문제를 물고 늘어져서 해답을 찾아내는 '끝장정신'이 우리에겐 없다. 일본전산의 나가모리 시게노부(永守重信) 사장의 표현대로 '즉시, 반드시, 될 때까지 하는' 사람이 정말 귀해졌다는 인상을 지우기 힘들다.

졸저 《일본전산 이야기》를 출간한 후 실로 과분한 사랑을 받았다. 유수의 대기업에서 이 책을 혁신의 교과서로 삼고, 지방 중소기업 CEO들이 읽고 '우리도 할 수 있다'는 의지를 불태웠다는 소식을 접할 때마다 가슴이 벅차올랐다. 한편으로는 많은 독자들로부터 《일본 전산 이야기》처럼 우리가 듣고 새겨야 할 이야기를 계속 소개해달라는 부탁을 받았다.

조직이 크든 작든, 개인과 기업이 함께 발전하고 성장을 이뤄내기 위해 해야 하는 일의 본질은 같다. 문제가 있으면 답은 반드시 있다. 그것을 찾아내는 열정과 방법이 있다면 어떤 위기가 닥쳐도 살아남을 수 있다. 끝까지 답을 내는 사람들은 그 정신으로 조직을 살리고, 자신을 강하게 하고, 나아가 동료를 구한다. 우리의 관건은 답을 포기하지 않고 끝까지 찾아내는 사람이 되는 것이며, 기업의 관건은 그런 사람들로 조직을 채우는 것이다.

그래서 어떻게 하면 '반드시 답을 찾는' 의식개혁을 이룰 수 있을지 연구해 이 책에 담았다. 일본전산뿐 아니라 크고 작은 국내기업, 그리고 세계의 글로벌 기업 사례를 통해 어떤 사람들, 어떤 조직풍토가 회사를 살리는지 살펴보았다.

위기의 벽을 넘으면 그다음에는 엄청난 보상이 있다. 선행 기술을 확보하고, 신규 시장을 선점하고, 매출이 배로 뛰고, 연봉과 성과급도 올라간다. 이런 기회를 그냥 포기하자는 사람들을 도저히 이해할 수 없다고 울분을 토로하는 이들이 있다. 기업에서 강연을 하고 나면 한두 명이 남아 개인적으로 상담을 청할 때가 있다.

"전사적으로 HR컨설팅을 받았는데도 변하는 게 없습니다."

"열심히 일할 기회를 주지 않는데, 이럴 때는 어떻게 풀어가야 합니까?"

한숨을 쉬기도 하고, 일부는 눈물을 보이기도 한다. 물론 그들이 다 옳다고는 할 수 없지만 듣고 있으면 나 또한 마음이 아프다. 이들처럼 자신의 능력이 어디까지인지 치열하게 한번 도전해보고 싶다는 마음을 먹어본 적이 있는가?

조직에는 새로운 시도를 하거나 무언가를 개선하고 바꾸기 위해 주위 사람들에게 열변을 토하고, 어르고 달래서라도 끌어들이는 이들이 있어야 한다. 남들보다 배의 시간과 에너지를 쏟아부을 각오가 되어 있는 사람들, 변화를 주도하는 이들이 반드시 필요하다. '삼팔선', '오륙도'의 비애가 아니라 성장의 결실을 나누는 이들이 필요하다. 도종환 시인이 노래한 '담쟁이'처럼, 현실의 벽을 넘고 기어코 답을 찾아내는 인재 말이다.

저것은 벽
어쩔 수 없는 벽이라고 우리가 느낄 때
그때

담쟁이는 말없이 그 벽을 오른다

물 한 방울 없고 씨앗 한톨 살아남을 수 없는

저것은 절망의 벽이라고 말할 때

담쟁이는 서두르지 않고 앞으로 나아간다

한 뼘이라도 꼭 여럿이 함께 손을 잡고 올라간다

푸르게 절망을 다 덮을 때까지

바로 그 절망을 잡고 놓지 않는다

저것은 넘을 수 없는 벽이라고 고개를 떨구고 있을 때

담쟁이 잎 하나는 담쟁이 잎 수천 개를 이끌고

결국 그 벽을 넘는다.

— 도종환, 〈담쟁이〉

당신은 '담쟁이 인재'인가? 조직에 위기가 닥쳤을 때나 높은 벽에 부딪혔을 때, 그것을 극복하기 위해서는 누군가가 담쟁이가 되어야 한다. 끝장정신으로 무장해 위기를 넘고, 성과를 만끽하는 통쾌함을 한번쯤 느껴봐야 하지 않겠는가? 이 책이 그 길을 알려줄 것이다. 어떤 순간에도 회사가 목숨 걸고 챙기는 '담쟁이 인재'가 되는 길을.

김성호

PART **1**

'방법'이
없는 것이 아니라
'생각'이
없는 것이다

필리핀 속담에 '하려고 하면 방법이 보이고, 하지 않으려고 하면 변명이 보인다'는 말이 있다. '할 수 있다'는 생각은 긍정적인 상상력을 북돋는다. 그러나 할 수 없다고 생각하면 어떻게 해줘도 부족하다고 투정한다. 생각의 성장판이 자라지 않고, 반대로 안 되는 이유나 변명만 생각하고 상상하게 된다. 긍정적인 변화를 유도하려면 이 사고회로를 '할 수 있는 방법'을 생각해내는 회로로 다시 깔아야 한다. '이 방법이 아니라면 다른 방법은 뭐가 있을까?', '대체하고 보완하고 해결할 다른 방법은 없을까?'를 궁리해낼 수 있는 회로 말이다. 뇌는 필요에 의해 움직이기 때문에, 어떻게든 해야 할 일이라고 생각하고 궁리하면 새로운 아이디어를 만들어내게 돼 있다. 끝끝내 해내겠다, 기필코 승리하겠다는 생각만 있으면 방법은 나온다.

"승리는 항상 준비한 자에게 돌아간다. 우리는 그것을 '성공'이라 부른다. 필요한 절차를 거른 자는 반드시 나중에 실패를 받아들여야 한다. 우리는 그것을 '불행'이라 부른다."
－로알 아문센, 극지 탐험가

끝장정신이
없는 조직은
이미 끝난 조직이다

죽을 때까지 성공만 하다 가는 인생이 없는 것처럼, 기업에도 항상 성공만 있는 것은 아니다. 어떤 회사는 창업 때부터 잘 풀리고, 또 어떤 회사는 어렵게 창업해서 밑바닥부터 힘겹게 올라온다. 꾸준히 성장하는 '안정적인' 기업도 자세히 살펴보면 끊임없이 오르락내리락 굴곡이 있는 비연속적인 도약을 하고 있다. 위기에 빠져 푹 꺼졌다가 다시 기회를 잡아 뛰어오르는 형국이다.

이 정도만 돼도 성장곡선이 '예쁘게' 나오는 것이다. 대부분의 기업은 고생고생하다가 조금 살 만해지는가 싶더니 한동안 잠잠하고, 그러다 이내 곤두박질치곤 한다. 운 좋게 한번 반짝 성공하고는 그냥 주저앉아버리거나, 어느 정도 궤도에 오른 다음에는 넘어지기 싫어서 하던 것만 계속 하다가 도태되는 것이다.

손에 든 떡만 믿고 몇 년을 버틸 수 있을 것 같은가? 화무십일홍 (花無十日紅)이라고, 지금 잘나가는 게 평생 갈 것이라는 생각은 위험하다. 그런 조직일수록 패기만만한 젊은 직원들, 또는 임원이나 리더에 오르고 싶은 열정적이고 도전적인 인재들이 절망감을 느껴 가장 먼저 빠져나온다.

다 같이 리스크를 감수하며 도전을 지속해야 조직 전체에 활력이 돈다. 한 번에 망할 만큼 치명적인 실패만 하지 않으면 된다. 시도하지 않으면서 새살을 돋게 하거나 미래의 먹거리를 얻을 수는 없다. 그런 방법은 없다.

방법이 없는 것이 아니라 생각이 없는 것이다

그런데도 많은 사람들이 새로운 것을 해보자면 경기를 일으킨다. 무조건 '안 돼'부터 외치면서 지금 하던 대로 그냥 하자고 한다. 원하는 대로 이루어지면 좋겠지만, 그럴 방법이 없다고 하면서. 하지만 처음부터 쉬웠던 방법이 어디 있는가? 만들어진 방법은 쉽지만, 그 방법을 만들기까지는 무엇이든 험난한 법이다. 그걸 이겨내고 방법을 찾아야 하는데, 사람들은 속 편하게 그냥 방법이 없다고 한다.

'방법'이 없는 게 아니라 '생각'이 없는 것이다.

일례로 자동차를 보라. 자동차 개발에는 몇 년이 걸린다. 들어가는 부품만 2만 개가 넘고, 개발에 동원되는 인력만 수십, 수백 명이 된다. 이처럼 개발이 어려우니 1대씩 팔아서는 수지타산이 맞지 않는다. 그렇다고 사람들이 포기했는가? 아니다. 많은 사람들의 생각을 모으고, 수많은 시행착오를 거쳐가며 방법을 만들어낸다.

처음 개발하는 비용, 만들어내는 비용을 생각하면 이만저만 밑지는 장사가 아니다. 그러나 본격적으로 양산하기 시작하면 몇 분에 1대씩 뚝딱 나온다. 1대를 만들기 위해 3년이 걸렸다 해도 그다음부터는 한 달에 몇 십만 대를 만들 수 있다. 자동차를 처음 만들던 100여 년 전에는 상상도 할 수 없는 일이다.

이처럼 모두가 '방법이 없다'고 생각하는 일에 방법을 만들어내는 사람들이 있다. 이들은 우리에게 말한다. "생각이 없는 것이지, 방법이 없는 것은 아니다."

이런 사람들이 조직에 많다면 걱정이 없다. 그러나 어찌된 일인지 기업현장의 목소리를 들어보면 현실은 기대와 딴판이다.

"내가 분명히 지시했는데도 대충 해놓고 다 했다고 손 놓는 부하직원이 있다. 일을 할수록 오히려 방해만 된다."

"책임지기 싫어서 지시받은 범위 안에서만 움직이려는 얌체족이 있다."

"시키지 않으면 꼼짝도 안 하는 삼류직원 때문에 골치 아프다."

하나같이 일에 생각이 없는 사람들이다.

대부분의 회사를 살펴보면 한쪽에서는 어떻게든 새로운 해법을 찾겠다고 밤잠을 설치는데, 다른 한쪽에서는 안 되는 이유를 연구하느라 바쁘다. 안 된다고 목소리를 높이는 사람에게 '그럼 어떻게 하면 좋겠나?'라고 물으면 움찔한다. 대안에 대해 치열하게 고민하거나, 하다못해 동료들은 왜 이 방법을 제시했는지 생각해보지 않은 것이다. 밥줄이 걸린 자기 일조차 치열하게 생각하지 않는 사람들에게 어떤 가능성을 기대할 수 있겠는가?

"변화의 속도는 항상 우리보다 빠르다. 열심히 만든다고 해서 다 좋은 제품인 것은 아니다. CEO의 80%는 '우리 제품이 좋다'고 믿지만, 고객은 8% 정도만 이에 동의한다."

베인앤컴퍼니의 전략부문 대표 제임스 앨런(James Allen)의 말이다.

이처럼 까다롭고 알기 힘든 고객의 니즈를 충족시키려면 뛰는 수밖에 없다. 고객이 원하는 답을 찾으려면 우리가 생각하는 답, 이미 우리 손 안에 있는 답은 버릴 각오를 해야 한다. 우리가 가지고 있는 자원을 집중하고 모두가 몰입해 창조성을 발휘했을 때에야 고객이 원하는 것들이 조금씩 보이기 시작한다.

우리가 생각하는 답 뒤에 진짜 답이 있다

'경기가 어려워서 사업이 안 되는 걸 나더러 어쩌라고?'

'전략은 윗사람들이 짜야 하는 거 아닌가?'

지금쯤 이렇게 생각하는 이들도 있을 것이다. 강연을 하다 보면 내게 항변하는 이들도 실제로 적지 않다. 한마디로 억울하다는 것이다. 위에서 시키는 대로 열심히 해왔는데 이제 와서 '생각이 없다'는 말을 듣는 게 불쾌하다는 것이다. 그러나 내가 보기에 이들은 시키는 대로 적당히 잘하는 것과, 끝장을 볼 때까지 생각한다는 게 무슨 차이인지 잘 모르는 것 같다. 사례를 통해 함께 생각해보자.

10년 만에 13분의 1로 쪼그라든 시장, 기존의 기술을 전혀 쓸 수 없는 국면 도래… 세계의 필름 시장이 맞닥뜨린 변화의 소용돌이는 잔인했다. 시장을 선도하던 후지필름은 순식간에 태풍 앞의 촛불 신세로 전락했다.

후지필름은 필름 시장이 급격히 축소되자 2004년에 제2의 창업을 선언하며 혁신에 박차를 가했다. 그동안 축적된 화학물질 개발기술 노하우를 살려 화장품 및 의약품으로 신규사업을 확장한 것이다. 그 뒤 2년에 걸쳐 후지는 필름부문의 3분의 1에 해당하는 5,000명을 전환배치하고 구조조정을 시행했다. 기조는 크게 두 가지였다.

첫째, 기능 및 조직을 간소화해 고정비 등의 비용을 절감한다.

둘째, 중점사업 분야를 중심으로 신제품을 개발하고 신시장을 개척해 수익을 낸다.

즉 연구개발에 공격적으로 투자하는 것에는 변함이 없되, 조직혁신을 통해 생산성을 강화한다는 것이다. 또한 기존의 '연구개발해서 제품을 판다'는 안일한 생각에서 벗어나 '시장에서 통하는 신가치 제품을 개발한다'로 발상을 바꾸었다.

이후 후지필름은 일본기업으로서는 드물게 강력한 체질개선에 들어갔다. 과감하게 대리점을 줄이고, 연구원과 관리직을 재편·전환배치했다. 그 결과, 필름사업 부문의 매출 비중이 1%대로 줄어들었음에도 전체 매출은 10년 만에 1조 엔 상승하는 기염을 토했다. 10년이 넘는 구조개혁의 성과였다.

"핵심사업을 잃었을 때 우리는 쓰라린 고통을 감내하며 사업을 재편했고, 동시에 사업을 과감하게 다각화했다. 그것이 행운이었다."

2000년 후지필름 사장에 취임해 혼돈의 시대를 진두지휘하며 헤쳐 나온 고모리 시게타카(古森重隆)의 말이다. 그의 말대로 운도 따랐겠지만, 그 운을 끌어들인 것은 그들의 강력한 혁신의지였다. 필름 이외의 영역에서 신가치를 창출하겠다는 의지가 새로운 성장동력을 찾게 해주었기 때문이다.

후지필름은 새로운 활로를 모색하면서 필름의 변성과정이 신체의 노화과정과 매우 흡사하다는 사실을 깨달았다. 이에 착안해 노화방지용 화장품을 개발하기로 했다. 그리고 이를 현실화하기 위해 몇 년에 걸친 치열한 노력이 시작됐다.

2005년 회사 내 생활과학연구소에서 기능성화장품 개발전담팀이 만들어졌다. 연구진은 기존의 방대한 연구실적을 바탕으로 아미노산

배양기술을 활용해 피부에 적합한 화장품을 개발했다. 하지만 연구원들은 고민이 컸다.

'이것이 진정한 답인가?'

'우리가 할 수 있는 최선인가?'

'시장을 뒤흔들 만한 걸 만들어냈는가?'

자문자답을 이어갈수록 의구심은 더해갔다. 결국 '이 정도의 화장품을 출시하는 것은 진짜 답이 아니다'라는 결론을 내렸다. '연구개발해서 제품을 판다'는 기존의 구태의연한 생각에서 벗어나지 못했다는 것을 깨달았기 때문이다.

그들은 진정한 답을 찾기 위해 처음부터 다시 생각했다. '후지필름다운 화장품'을 개발하고 싶었다. 후지필름이기에 가능한, 아무도 흉내 낼 수 없는 제품을 만들기 위해 '여성에게 정말 필요한 것이 무엇인가'에 대해 집요하게 캐물었다. 누구나 생각하는 혁신은 혁신이 아니니, 지금의 생각을 뛰어넘어야 한다며 고민을 거듭했다.

"우리가 잘할 수 있는 것을 생각했다. 후지필름은 연구개발에 익숙한 기업이었기 때문에 타사 화장품에는 없는 독자적인 관점에서 개발을 추진했다. 원래 화장품 회사가 아니었기 때문에 그들과는 다른 발상으로 제품을 만들고 싶었다. 기어코 그들이 생각지 못한 관점에서 만들어내는 것이 목표였다."

프로젝트팀 리더 격이었던 다시로 토모코(田代朋子)의 말이다.

그들은 가장 획기적인 것을 고민하면서, 먼저 피부관리에 중요한 것이 무엇인가를 생각했다. 물론 가장 큰 고민거리는 '피부가 왜 망가지는가'다. 노화에 따라 회복기능이 떨어져서 피부도 거칠어지고 탄력도 없어진다. 특히 여성은 피부건조, 그을음, 기미(검버섯), 주름 같은 피부변화로 항상 고민한다.

개발팀은 '콜라겐'에 주목했다. 피부는 20대를 지나면서 콜라겐 생성능력이 떨어지고, 그에 따라 노화현상이 나타난다. 그런데 콜라겐은 다름 아닌 사진필름의 주원료였던 것. 70년 동안 쌓아올린 후지필름의 기술력이자 무기가 빛을 발할 순간이 온 것이다.

흥분한 그들은 콜라겐을 활용해 화장품을 개발하고자 구상했으나 이내 계획을 접었다. 이미 화장품 업계에서 콜라겐을 이용하고 있었기 때문이었다. 남들도 가지고 있는 기술력을 변형해 화장품을 만드는 정도로는 만족할 수 없었다. 기존 화장품 업계와 똑같은 대안을 혁신이라 내세울 수는 없었다. 콜라겐 이외의 무언가가 필요했다.

그래서 이번에는 '피부에 무엇이 좋은가'라는 질문을 던지며 연구를 재개했다. 노화를 방지하려면 어떤 성분과 기술을 개발해야 할지 고민하던 중, 또다른 기술이 눈에 띄었다. 후지필름은 오랜 세월 동안 사진 변색을 막는 항산화 기술을 연구해왔고, 70년간 쌓인 화합물 샘플만 20만 종을 헤아렸다. 이들 중 피부에 유효한 성분을 골라낸다면 다른 회사가 따라올 수 없는, 후지필름만의 화장품을 만들 수 있겠다는 판단이 섰다.

그늘의 야심작 아스타리프트(Astalift)는 그렇게 개발됐다. 기존의 화장품, 미용업계가 다들 코엔자임Q10에 올인할 때, 그들은 코엔자임Q10을 훨씬 뛰어넘는 성분을 찾기 위해 20만 종의 화합물을 검토했고, 그중 화장품 등으로 활용할 수 있는 4,000여 종을 선별했다. 다시 거기서 천연성분인 아스타잔틴(astaxanthin)을 골라냈으니, 그들의 산통이 어느 정도였는지 짐작이 갈 것이다.

그다음 단계는 흡수력. 그들은 독자적인 나노기술을 활용해 성분의 효능을 그대로 유지하면서 세계에서 가장 작은 입자를 만드는 데 총력을 기울였다. 그들은 사내 유화기술 전문가들을 수소문해 실험을 반복한 끝에, 마침내 기존보다 입자가 작고 고농도이면서 덩어리지지 않는 분산물을 만들어내는 데 성공했다. 독자적인 '나노 포커스 기술'의 저력이었다.

"우리는 우리가 원하는 답이 나올 때까지 도전하고 실패하기를(trial and error) 반복했다."

프로젝트를 추진한 다시로 토모코의 말이다. 시도해보고 수정하는 '끝이 보이지 않는 시행착오'를 이겨내야 했던 그 싸움이 얼마나 치열했는지 읽을 수 있는 대목이다.

실로 그들은 피부침투, 촉감, 회복력 등을 보면서 스스로 납득이 갈 때까지 실험과 실패를 거듭했다. 목표는 오직 하나, 성공률을 높이고 극한대의 결과치를 얻겠다는 것이었다. 누구나 생각은 하지만 쉽게 얻을 수 없는 답 말이다.

그들이 얻은 결과물은 수분량, 살결, 모공, 주름 문제에 모두 획기적인 효과를 보였다. 건강한 사람들을 대상으로 한 실험에서는 타사 화장품의 9배 효과가 있는 것으로 나타났고, 피부노화가 심한 사람들에게서도 빠른 회복력을 보였다. 브랜드에 의존하지 않는 고기능 화장품, 그 목표에 맞는 만족할 만한 답이었다.

2007년, 후지필름은 40~50대를 대상으로 노화방지용 기능성 화장품을 론칭했다. 노력에 반응이라도 하듯 호응은 폭발적이었다. 화장품사업은 4년 만에 첫해의 15배 이상으로 급성장했다.

후지필름이 이처럼 환골탈태한 반면, 필름 시장을 양분하던 이스트만코닥은 2012년 1월 19일 파산신청을 했다. 미국 필름 시장의 90%, 카메라 시장의 80%라는 경이로운 점유율, 1,100개에 달하는 특허, 이 모든 것이 위기의 순간에는 전혀 도움이 되지 못했다. 한때 14만 5,000명에 이르던 임직원을 10분의 1로 줄이면서 몸부림쳤지만 허사였다.

코닥이 파산에 이른 것은 그동안의 성공에 안주해 디지털 시대로의 전환에 늦게 대응했기 때문이라는 것이 정설이다. 1975년에 이미 디지털카메라를 세계 최초로 개발하고도 '아직 우리에게는 시간이 있다'고 여유를 부릴 때 캐논, 니콘, 올림푸스 등으로 디지털카메라의 시장 주도권이 소리 없이 넘어갔다. 여기에 더해 고품질 카메라가 내장된 휴대전화와 스마트폰의 역공을 앉아서 당했다. 현재의 수익으로 충분하니 하던 대로 하자는 생각이 발목을 잡은 셈이다. 냄비가 뜨거워지는 것을 못 느끼고 서서히 죽어가는 개구리처럼, 성공에 안주해 조직이 둔해져버린 것이다.

왜 누구는 성공하고 누구는 실패하는 것일까?

사람들은 흔히 실패하면 '전략이 없어서' 혹은 '역량이 부족해서'라고 말한다. 한마디로 '능력부족'이라는 것이다. 그러나 독보적인 기술력을 갖추고도 파산한 코닥의 사례는 능력보다 중요한 것이 생존을 좌우한다는 사실을 알려준다. 비단 코닥뿐인가? 모토로라, 야후, 포드, 소니… 좋은 기술과 우수한 인재, 첨단설비 등 성공할 수 있는 최고의 조건을 갖추고도 무너진 기업이 부지기수다. 이들에게 한 가지가 없었기 때문이다.

악착같이 달려들어서 더 발전하려는 몸부림 말이다.

즉 그들은 기술혁신에 실패한 것이 아니라 의식개혁에 실패한 것이다.

'요즘처럼 불경기에 이 정도 했으면 됐지 뭘 더 하라는 거야?'

'리스크가 저렇게 큰 일을 왜 해?'

'저렇게 고생한다고 뭐가 달라지겠어?'

'회사도 중요하지만, 우선 내가 살고 봐야지.'

이런 생각으로 사는 사람에게 무엇을 기대할 수 있겠는가? 최고가 되기보다는 적당히 맞춰가려 하고, 혁신의 뒤꽁무니를 적당히 따라가려 하고, 똘똘 뭉쳐 위기를 극복해야 할 마당에 슬쩍 한발 빼려는 의식이 스며든 조직은 가망이 없다. 지금 아무리 잘나가는 기업일지라도 혁신의지가 없는 조직, 내 손으로 답을 내려고 노력하지 않는 조직이라면 장부에 적히지 않은 부채를 떠안고 있는 것과 같다. 그 결과? 그 적당주의 때문에 조직은 물론 적당히 운신하던 직원들도 거리에 나앉게 된다.

하려는 자에게 방법이 보이고, 하지 않으려는 자에게 변명이 보인다

후지필름의 고모리 사장은 미디어와의 인터뷰에서 "두 번에 걸쳐 구조개혁을 단행해 10% 정도 수익을 낼 수 있는 근육질 회사로 다시 태어났다"고 했다. 한편으로 그는 "마음이 아프다", "직원들이 고맙다"는 말을 입버릇처럼 한다. 그만큼 변화에 적응하고 생존하기 위한 고통분담이 있었다는 말이다. 고통을 감내하면서 기어코 살아남겠다는 정신이 없었다면 그들의 혁신은 없었을 것이다.

하겠다는 사람은 어떤 상황에서도 방법을 찾아내고, 못하겠다는 사람은 무엇을 시켜줘도 부족하다고 투정한다. 처음 시도하는 어려운 일, 품이 많이 드는 고된 일을 맡기면 슬슬 눈치를 보며 뒤로 빠지려 한다. 그 일을 다른 동료가 잘해내서 승진이라도 해보라. 이번에는 왜 저 사람만 승진시키느냐고 뒤에서 쑥덕거린다.

이런 사람들은 생각으로 부족한 것을 채울 수 있다고 믿지 않는다. 생각의 차이가 격차를 낳는다는 사실을 받아들이지 않는다. 그러니 '못하겠다'는 사고회로로만 생각하게 되는 것이다.

필리핀 속담에 '하려고 하면 방법이 보이고, 하지 않으려고 하면 변명이 보인다'는 말이 있다. '할 수 있다'는 생각은 긍정적인 상상력을 북돋는다. 그러나 할 수 없다고 생각하면 어떻게 해줘도 부족하다고 투정한다. 생각의 성장판이 자라지 않고, 안 되는 이유나 변명만 생각하고 상상하게 된다.

긍정적인 변화를 유도하려면 이 사고회로를 '할 수 있는 방법'을 생각해내는 회로로 다시 깔아야 한다. '이 방법이 없으면 다른 방법은 뭐가 있을까?', '대체하고 보완하고 해결할 다른 방법은 없을까?'를 궁리해낼 수 있는 회로 말이다. 뇌는 필요에 의해 움직이기 때문에, 어떻게든 해야 할 일이라고 생각하고 궁리하면 새로운 아이디어를 만들어내게 돼 있다. 끝끝내 해내겠다, 기필코 승리하겠다는 생각만 있으면 방법이 나온다는 것이다.

우리는 흔히 지식이 없고 능력이 없는 것을 부끄러워하며, 열심히 배우고 익히면 뭐든 잘할 수 있을 거라 생각한다. 그러나 막상 활용할 지식과 능력을 갖추고도 미적거리며 일에 뛰어들지 않는 사람이 너무나 많다.

모르는 것은 죄가 아니다. 인간인 이상 누구나 아는 것보다 모르는 것이 많기 때문에, 모르는 것은 죄도 아니고 미워할 수도 없다. 하지만 모르고도 알려 하지 않고, 모르면서 아는 사람보다 더 노력하려 하지 않는 것은 죄다. 동료와 조직에 민폐를 끼치고, 자신의 미래에 죄를 짓는 행위다.

우리 주위를 둘러보자. 회사를 보면 부족한 것을 알면서도 그냥 부족한 채로 지내겠다는 사람들이 의외로 많다. 자기 건강에 문제가 있으면 그날 당장 운동을 시작하고 자녀의 성적이 조금만 떨어지면 좋은 학원부터 수소문하면서, 회사문제에는 천하태평이다. 내 일이 아니라는 심사다. 이런 사람들은 일이 잘못되고 있는 걸 발견해도 그대로 덮어두곤 한다. 문제가 눈덩이처럼 불어날 거라는 것을 뻔히 알면서도 나서서 일을 만들기 싫은 것이다.

그나마 사회생활을 처음 시작하는 신입사원들은 잘해보겠다는 마음으로 열심히 물어보고 건의도 하고 개선방안도 생각해오는데, 프로정신을 갖춰야 할 기존 직원들이 더 문제인 경우가 많다. '해봐야 달라질 게 있겠어?'라는 의식에 젖어 엉덩이가 무거워진 탓이다. 오죽하면 상사들이 처음부터 잘 알고 시작하는 사람보다 뭐든 적극적으로 알려고 하는 사람이 더 키울 만하다고 하겠는가.

열정이 없는 사람에게는 일을 부탁하기도 어렵고 같이하자고 하기도 꺼려진다. 중요한 일일수록 더욱 그렇다. 생각하고 고민하지 않는 사람에게 진전된 모습을 기대하기란 어렵다. 생각하기도 싫은 일을 그냥 붙잡고 있는다고 기적이 일어나겠는가? 생각하지 않는 것은 결국 스스로 발전을 포기하는 것이다.

어떤 일을 해야 하는데 아이디어가 막혀버릴 때가 있다. 이때 한계를 느꼈다고 아예 하던 일 자체를 포기하는 사람들이 있다. 아이디어나 해법이 막혔을 때 잠시 새로운 궁리를 하면서 쉬어 갈 수는 있지만, 하던 일까지 포기하는 것은 옳지 않다. 기업 경영자가 제품 하나가 실패했다고 다 같이 죽자며 회사 문을 닫는다면 어떻게 되겠는가? 구성원들의 생존과 삶의 질을 개선하기 위해서는 끊임없이 새로운 계획을 세우고 수정해가며 발전시켜야 하지 않겠는가? 새로운 아이디어를 생각하고 새로운 방법을 구상하면 될 것을, 모든 경우의 수를 다 던져본 것도 아니면서 반쯤 시도하다가 일 자체를 접어버리는 우를 범해서는 안 된다.

"그건 할 수 있다. 반드시 하겠다고 결단하자. 그렇게 하면 거기서부터 방법을 찾아낼 수 있다." 에이브러햄 링컨의 말이다.

할 수 있는 일도 못할 것 같다고 생각하면 정말 못하게 된다. 불가능해 보여도 할 수 있다고 믿고 하면 이루어지는 일이 실제로 많다. 혼자 힘으로 역부족이라면 고민을 거듭하고 그것을 동료와 공유해보라. 자신은 생각지도 못했던 많은 아이디어와 해결책을 동료들이 제시해줄 것이다. 그러나 못한다고 포기해버리면 동료들의 '할 수 있는 힘'까지 모조리 쓰레기통에 버려지고 만다. 그러니 생각하고 고민하라. 조직 전체가 생각을 멈추지 않도록 공감대를 형성하라. 그

것이 어떤 상황에서도 답을 낼 수 있는 기초체력을 만들어준다.

안일하게 도전과 혁신을 게을리하는 풍토가 자리 잡기 시작하면 글로벌 기업이든 강소기업이든 한순간에 고꾸라지고 만다. 모험을 감행할 고민은 하지 않고 '어렵다', '안 된다'고 평가만 하는 사람들로 가득하기 때문이다. 애플도 그런 문화를 가장 경계했다. 그래서 최고의 인재들을 유치하면서도 '세상을 우리 손으로 바꾸자'며 비장한 각오를 공유하기를 원했다. 그들의 염원은 신입사원들에게 보낸 다음의 편지에 잘 담겨 있다.

"세상에는 그냥 생각 없이 하는 일, 그리고 일생을 걸고 하는 일이 있다. 당신의 손길이 곳곳에 스며들고, 절대로 적당히 타협할 수 없고, 그리고 어떤 주말이라도 기꺼이 희생할 수 있는 그런 일이다. 애플에서는 그런 일을 할 수 있다. 사람들은 이곳에 그저 무난하게 근무하러 오는 것이 아니다. 그들은 여기서 끝장을 보기 위해 온다. 그들은 자신의 일이 어떤 의미를 지니길 원하고 있다. 어떤 거대한 것, 애플이 아닌 다른 곳에서는 일어날 수 없는 그런 것 말이다."

열정적인 기업의 아우라가 느껴지지 않는가?

개인이든 조직이든 한 단계 성장하기 위해서는 성장통을 이겨내야 한다. 그러기 위해서는 끝까지 해내는 정신이 필요하다.

끝장정신 말이다.

평론만 하는
조직은
망한다

"당신의 생각과 행동은 팀이나 다른 사람에게 다운포스(down force, 끌어내리는 힘)로 작용하는가, 아니면 업포스(up force, 끌어올리는 힘)로 작용하는가?"

기업 코칭이나 강연 때 한 번씩 던지는 질문이다. 안타깝게도 자신 있게 '업포스'라고 대답하는 사람은 많지 않다. 대부분은 뜨끔하다고 한다. 평소에 나름대로 열심히 일한다고 생각했는데, 뒤돌아보면 팀이나 동료의 발목을 잡는 때가 많았던 것 같다는 것이다. 당신은 어떤가? 여기서 잠깐 팀 안에 속해 있는 나 자신을 끄집어내 살펴보자. 아니면 우리 조직이 어떻게 흘러가고 있는지 점검해보자.

조직을 들여다보면 사장부터 말단 신입까지 저마다 특징이 있고 유형이 있다. 어떤 유형의 사람들이 주류를 차지하고 있느냐에 따라 성장하는 기업과 정체하거나 쪼그라드는 기업으로 갈린다. 세력판도가 다른 사람에게 영향을 미치기 때문이다.

내가 보기에 사람들은 일할 때 크게 4가지 유형으로 나뉘는 것 같다. 평론가형, 무기력형, 막무가내형, 해결사형이 그것이다. 물론 가장 바람직한 유형은 해결사형이다. 반면 팔짱만 낀 평론가형이나 무기력형을 방치해두거나, 리더가 막무가내형인 경우에는 조직 전체가 힘들어진다.

평론가형 : 망하는 기업에는 팔짱만 낀 평론가로 가득하다

"내가 잘 아는데, 문제는 이거야!"

주위를 둘러보면 입으로만 일하는 사람들이 있다. 이 글을 읽고 방금 누군가가 머릿속에 떠올랐는가? 그가 바로 평론가형 직원이다. 이들은 평가하는 데는 걸출하지만 실행에는 젬병이다. 이론은 유식한데 실행에는 무지한 유형이다. '맞다, 아니다, 재미있다, 재미없다'는 식으로 평가하는 것이 곧 실력발휘라고 착각하기도 한다. 같은 회사, 같은 팀의 일원이면서 자기와는 먼 일을 구경하듯 평론가적 논평만 늘어놓는다. 지금 당장 해법을 찾아야 하는데도 강 건너 불구경 식으로 '그건 좀 그런데'라고 말하는 것이 고작이다. 왕년에 잘나가던 기업이 갑자기 망할 때는 여지없이 팔짱만 낀 평론가들로 가득했다.

비단 위기상황이 아니더라도, 우리는 팀플레이를 한다면서 실제로는 평론가 기질을 발휘하는 실수를 자주 한다. 평론가는 위험부담이 없고 하기도 쉽기 때문이다. 실제로 기업을 보면 입만 똑똑한 평론가 유형이나 저돌적인 막무가내 유형인데도 자신은 해결사처럼 일을 잘하고 있다고 착각하는 사람들이 의외로 많다.

이들은 제법 똑똑하고 배운 것도 있으나 전체적으로 부정적이고 매우 소극적인 편이다. 남들은 다 비즈니스 전쟁터에 몸을 던지는데, 혼자 공부만 열심히 하면 되는 학창시절로 돌아가려 한다. 하지만 평론가적 자세를 고치지 않는 한 학창시절 공부벌레가 나비나 벌이 될 가능성은 없다.

과거의 성공에 안주하기 쉬운 것이 인간이다. 그러나 어느 정도 성공했으니 '이제 좀 쉬었다 가자'는 생각을 하는 순간 롤러코스터처럼 추락하는 것이 비즈니스 정글이다. 그래서 글로벌 기업으로 도약한 삼성전자조차 '실패를 두려워하지 않는 용기로 도전을 지속하라'고 외친다. 긴장을 놓으면 죽기 때문이다.

이런 마당에 조직의 한두 명이 일에 나서지 않고 안주하기 시작하면 주변 사람들도 손에 물 묻히려 하지 않게 되고, 궂은일을 나서서 할 사람이 없어진다. 옆 사람은 노는데 혼자만 일하면 억울하다는 심리가 고개를 들기 때문이다. 위험한 일이나 시행착오를 겪어야 할 일, 사람들과 부대껴야 하는 일은 다들 꺼리게 된다.

그러나 새로운 시장 또는 새로운 가치를 담은 신상품은 결코 무풍지대에서 만들어지지 않는다. 손에 진흙을 묻히고, 남들보다 2배 더 일하는 고된 과정을 거쳐야 한다. 복잡하게 얽히고설킨 문제들을 인내심을 발휘해 정리하고 풀어내야 한다. 그런 과정을 밟지 않고는 판세를 바꾸는 혁신에 성공하기 어렵다.

이런 상황에서 적당히 빈둥거리기만 하고, 목표를 높여 잡기보다 그럭저럭 시간을 채우고 적당히 달성할 만큼의 목표만 고집하는 이들로 조직이 가득하다면? 위기가 왔을 때 아무도 나서는 사람이 없게 된다. 자신이 맡은 일에 대한 책임의식, 자신의 위치에서 제 역할을 하겠다는 마음은 물론, 개인보다 팀을 위한다는 공헌의식은 더더욱 기대할 수 없다.

남 평가하기 바쁜 평론가형 인사들의 문제는 이뿐 아니다. 더 심각한 것은 그들의 평가가 부정 일색이라는 점이다.

땀 흘리기도 싫고 리스크도 감수하지 못하니, 살아남는 방법은 남들도 열심히 하지 못하도록 방해하는 것뿐이다. 안 되는 이유를 대서 아무것도 하지 않는 것이 다치지 않는 길이라고 착각하는 것이다. 심지어 나중에는 '안 된다'는 자신의 말이 옳다는 것을 입증하기 위해 할 수 있는 일까지 진짜 안 되게 협조하지 않고 외면한다. 흔히 말하는 '고문관'이 출현하는 순간이다.

평론가형은 발전을 위한 비판이 아니라 공격을 위한 비판을 한다. 매사를 부정적인 시각으로 보고 판단하니, 나중에는 자기도 모르게 냉소적으로 변하게 된다. 무엇인가를 반대하는 데는 열정적이지만 문제해결을 위한 대안에는 손을 놓는다. 해보겠다는 의견에 대해 무조건 반대하기, 거부하고 방해하기, 트집 잡아 비판하기에만 골몰하게 되고, 협력보다는 노골적 무시로 일관하거나 사실을 왜곡하거나 동료를 소외시켜 공격하는 것도 불사한다.

이들의 말은 듣는 사람으로 하여금 절망감이 들게 한다. 어쩌면 그럼으로써 상대가 자기보다 하수이거나 못난 사람이라고 착각하고 있는지도 모른다. 제대로 된 '전문 평론가'로 성장하지 못하고 도중에 길을 잘못 들어서 상대방의 열정을 빼앗는 적대적 평론가, 학대적 평론가로 변질된 것이다.

'우리 회사에도 그런 사람이 있다. 그런데 왜 상사는 그런 사람을 자르지 않고 봐주는지 모르겠다.'

이렇게 투덜거리는 분들이 있을지도 모르겠다. 또는 '나는 결코 고문관이란 말은 듣지 말아야지' 하고 마음먹는 사람도 있을 것이다.

그런데 이 사실을 아는가? 아이러니하게도 평론가 유형은 사실 가장 열정적인 사람에 해당된다. 회사의 비전이나 정책도 꼼꼼히 챙기고, 동료에 대한 관심도 남다르다. 정보를 모으는 데도 열심이다. 다만 방향이 잘못돼 정보의 정리작업을 병행하지 않은 채 깎아내리거나 흠잡는 평가에만 익숙해졌다는 게 문제다. 그렇다 보니 평가에 열을 올리지만 도움은 되지 않는다.

이쯤에서 의문이 생긴다. 회사 일에 관심 많은 이들이 왜 냉소적인 평론가가 됐을까?

여러 가지 원인이 있겠지만, 회사의 책임도 작다고 할 수 없다. 대체로 평론가는 일시적인 실패는 포용하고 열심히 한 사람에게 점수를 더 주는 가점주의가 아니라, 잘못하면 무조건 벌점부터 매기는 감점주의 문화에서 많이 나온다. '상장병'이나 '대기업병'에 걸려 해오던 방식대로 하고, 새로운 시도를 못하게 견제하는 관료주의 문화를 가진 조직이 대표적인 예다. 감점이 두려워 아무것도 하지 않는 조직에는 좋은 머리로 훈수에 열을 올리는 사람만 늘어날 뿐, 막상 일을 맡아서 해야 할 때 책임지고 하겠다는 사람은 없다. 가장 열정적으로 조직에 기여할 수도 있었던 사람들이 조직을 갉아먹는 평론가가 돼버렸기 때문이다.

이들은 흔히 자신이 새로운 시각을 제시하고 잘못을 지적하는 파수꾼 역할을 한다고 포장하기도 한다. 그러나 열망을 가지고 잘못을 나무라는 사람과 매사에 부정적인 평론가는 달라도 한참 다르다. 대안 없는 절망 평론가가 활개 치면 모든 생산적인 생각과 행동들이 상처를 받는다. 창조적인 활동이 사라지면서 새로운 도전과 새로운 결과를 얻을 수 없다.

그런 분위기가 전염되면 서로의 생각을 더하거나 부족한 점을 새로운 각도에서 채워주겠다는 팀워크도 약해진다. 모든 회의가 한두 가지 아이디어만 가지고 '좋다, 나쁘다', '맞다, 틀리다' 식으로 품평회를 하고 끝나기 일쑤다.

팀으로 일하는 우리는 찬반 투표를 하는 유권자가 아니다. 실행은 하지 않고 평가로만 끝내는 평론가도 될 수 없다. 우리는 모두 기꺼이 손에 흙을 묻히고 땀 흘려가며 일에 뛰어들어 성과를 내야 하는 이들이다. 누구 한 명이라도 점잔 빼고 물러나는 태만을 허용하는 조직에는 미래가 없다. 평론가를 허용하면 조직이 무너진다.

리더도 마찬가지다. 결과만을 앞세워 인정사정없이 평가하는 것이 리더의 모습이라고 생각하면 오산이다. 리더는 직원을 평가하지만, 그것에만 그쳐서는 안 된다. 직원을 평가하면서 동시에 자신을 거울에 비춰봐야 한다. 애널리스트처럼 평가만 하고 끝나는 것이 아니라 제대로 키우는 일까지 해야 한다. 인정사정없는 냉철함에서 벗어나 때로는 정성껏 인정을 베풀고 다양한 소통을 통해 진정한 선수로 키워야 한다. 리더십이 그래서 쉽지 않다.

직원을 키우는 것이야말로 조직의 리더를 판단하는 중요한 평가 항목이다. 상사라고 해서 결코 지시하고 사인하고 보고받고 평가하고 끝내려 하지 말라. 그렇게 생각하는 사람이 리더의 자리에 오르면 밑에 있을 때보다 훨씬 위험해진다.

무기력형 : 답을 내기 위한 논쟁도 못한다

무기력한 유형은 얼핏 보면 평론가형과 비슷하다. 매사에 부정적인 견해로 소극적으로 굴고, 일을 시켜야 겨우 움직이기 때문이다. 없는 것, 부족한 부분만 거론하면서 환경 탓을 하는 것도 비슷하다. 결국 해보겠다는 생각을 가진 동료들의 의지를 꺾어놓는다.

심지어 이들은 자기 자신에게마저 비관적이다. 평론가형이 본인 잘난 맛에 으스댄다면, 이들 무기력형은 생각할 힘도 자신감도 없는 편에 속한다. 이들이 매사에 소극적인 이유는 어차피 자신의 능력으로는 크게 좋아지거나 달라질 게 없다고 생각하기 때문이다. 도전했다가 실수하거나 실패하기라도 하면 수치스러우니 아예 처음부터 나서지 말자는 식으로 남의 시선을 지나치게 의식하면서 현실에 안주하는 쪽을 택한다.

학습의욕이나 도전의식이 없으니 아이디어 하나 내놓을 여력도 없고, 그저 동료나 팀의 성과에 편승할 뿐이다. 하지만 동료들이 자선사업가도 아니고, '나 같은 사람은 어차피 안 된다'는 투로 나오는 사람을 매번 어떻게 구제해주겠는가. 답답한 마음에 왜 매사에 부정적이냐고 쓴소리를 해도 소용없으니, 오래지 않아 동료들에게 '아무 생각도 없는 사람'이라는 핀잔을 듣는다. 사람들과 잘 어울리지 못하게 되면 불쑥불쑥 화가 나니, 이때부터 서로를 비난하는 악순환이 시작된다.

'사장이 멍청해, 부장이 멍청해, 회사가 잘못된 거야, 사람들이 틀렸어'라며 자신 외의 모든 사람을 비판한다. 생각이 한번 이런 식으로 흘러가면 '마음에 들지 않는 차장을 위해, 보기 싫은 부장을 위해 일하기는 싫다. 능력도 없는 부장 잘되라고? 그냥 대충 일해야지!'라는 결론에 이르게 된다. 극단적으로 표현하면 다 같이 죽자는 것이다.

'어차피 나는 월급만 받으면 돼. 더 판다고 내가 돈 버는 것도 아닌데.'

'그래? 알아서 해보라고. 잘되나 보자.'

'쟤는 가만히 있는데 내가 뭐가 아쉽다고 먼저 손 내밀어?'

'저가 잘해야 나도 잘하지.'

'저 사람은 그 자체가 짜증 난다. 신경 쓰기도 싫다.'

이런 생각이 든다면, 주의하라. 당신도 서서히 무기력에 빠지고 있는지도 모른다. 최소한 '나를 바꿔보자'는 긍정적인 습관이 희미해지고 있는 것은 분명하다. 무기력에 빠지면 자성하는 습관이 없어지고 책임지는 자세도 사라진다. 책임질 생각이 없으니 스스로 일을 처리할 능력도 가질 수 없게 된다. 어차피 세상일이 쉬운 게 없기 때문에 아무것도 하지 않는 것이 최선이라며 포기해버린다.

자신이 의욕적인 동료들의 사기를 떨어뜨리고 발목을 잡고 있다는 죄책감마저 없다면 상태는 정말 심각한 것이다.

막무가내형 : 준비도 생각도 없이 돌진부터 한다

막무가내형은 지금까지의 유형과 정반대다. 지나치게 긍정적이고 적극적이며, 단순하고 성급하다. 생각이나 아이디어가 떠오르면 무턱대고 추진부터 한다. 뭔가 떠오르는 아이디어가 있으면 머릿속으로 구상하고 주위의 의견을 듣고 정보를 수집해서 자가검증을 해야 하는데, 이 모든 작업을 생략하고 오직 '착상—실행'뿐이다.

이런 사람들에게 동료들이 늘 하는 말이 있다. "저 사람은 일만 벌여놓고 감당을 못해."

실제로 어느 조직이든 가보면 꼭 이런 사람들이 있다. 남들이 주저할 때 '이건 대박 아이템!'이라고 열을 올리며 한번 해보자고 선동해 분위기를 후끈 달아오르게 한다. 좋을 것 같다는 생각만 들면 무작정 돌진한다. 앞뒤 재다가는 기회를 놓친다면서 멧돼지처럼 밀고 나가는 것이다.

저돌적이고 뚝심 있어서 좋다고? 천만의 말씀. 의욕적으로 보이지만 열에 아홉은 중도하차다. 막상 실무에 들어가서 미처 파악하지 못한 문제점이나 골치 아픈 일이 끼어들면 내가 언제 손들었냐는 듯 슬그머니 발을 뺀다. 뒷감당은 운 나쁘게 옆에 있던 동료나 부하의 몫이다. 정작 사고 친 본인은 그들이 뒷수습하느라 얼마나 진땀 빼고 있는지 안중에도 없다.

물론 일을 추진할 때는 두려움 없이 전진해야 한다. 시행착오도 그 자체는 나쁘지 않다. 실패를 해봐야 성공하는 방법이 정교해진다. 그러나 남들 눈에 빤히 보이는 실패요인을 감안하지 못한다면 이는 치명적이다. 사전에 철저하게 준비하고도 피하지 못하는 실패는 병가지상사(兵家之常事)가 될지 몰라도, 리스크를 측정하지 않고 저지르는 실패나 시행착오는 조직의 중심축을 무너뜨려 치명상을 입힐 수 있다. 준비 없이 힘만 자랑하면 헛스윙하다 삼진아웃 당하게 된다. 시간과 돈, 노력을 허비한 데다 기회비용까지 날아갔으니 도전하고도 얻는 것 없이 손실만 크다. 게다가 본인 뒤치다꺼리하느라 동료들도 본업을 소홀히 하게 되니 조직 전체로 보면 이만저만 손해가 아니다. 이런 유형은 조직 전체가 헛발질만 하게 해 엄청난 낭비를 낳고, 자칫 전체를 위기로 몰고 갈 수도 있다.

막무가내형이 위험한 또 하나의 이유는, 달려가기만 하느라 잠시 멈춰 서서 주위를 살피고 멀리 내다볼 여유를 갖지 못하기 때문이다. 먼 산만 바라보고 뛰다가 돌멩이에 걸려 넘어지거나, 발밑에 도사린 함정에 빠지기 십상이다. 앞뒤 분간 없이 나가다가 계곡에 빠져 탈진하는 멧돼지 신세가 되는 것이다.

우리는 흔히 위험이 큰 상황에서 두려움 없이 '할 수 있다'고 앞서 나아가는 사람을 보며 그들의 용기와 대담함을 부러워한다. 그것이 어디서 나오는지 아는가? 섬세함에서 온다. 아주 세세한 것까지 준비한 사람은 내심 자신감에 넘친다. 그 힘으로 끝까지 자신 있게 마무리할 줄도 안다.

반대로 준비 없는 대담함은 허장성세일 뿐이다. 높은 벽에 맞닥뜨렸는데 아무 생각 없이 온몸으로 돌진해 힘으로만 돌파하겠다고 하면 몸만 상하고 얻는 것이 없다.

두꺼운 벽에는 통하는 문을 만들어놓듯이, 장벽에는 분명히 문이 존재한다는 생각이 필요하다. 전체를 보고 꼼꼼히 관찰해, 이렇게 저렇게 다양한 해법을 생각하면 통하는 문을 발견하게 된다.

이는 아무 생각 없이 열심히 하는 것만 가지고는 안 된다. 그런데도 조직을 보면 정보를 수집하고 해석하면서 합리적인 사고를 이끌어내는 작업을 소홀히 한 채 성급하게 추진하는 사람들이 너무나 많다. 어떤 사람들은 인맥으로 해결하겠다고 큰소리를 치지만, 그런 사람치고 네트워크에 대한 정보와 내공을 제대로 갖고 있는 이는 많지 않다.

일본전산의 나가모리 사장은 임원을 목표로 하는 신입사원들에게 남들보다 2배로 일할 각오로 임하라고 했다. 그렇게 임하면 부족했던 모든 스펙을 초월할 수 있다고 했다. 일견 전근대적이고 무식해 보인다. 그러나 그들이 실행한 것은 '2배의 노동'이 아니라 '2배의 생각'이다. 몸이 아니라 생각으로 일하는 시간이 많아야 한다는 것이다. 죽치고 앉아 시간만 채우지 말고 애정을 경쟁하자는 것이다. 자기를 성장시키고 보호해줄 일과 회사에 대한 애정 말이다. 일하는 시간뿐 아니라 일을 쉬고 있을 때나 무의식중에도 자신의 일에 대해 고민하는 사람, 풀리지 않은 문제에 골몰하는 사람은 반드시 답을 내게 돼 있다. 애정을 가지고 있기 때문이다.

이처럼 시대는 '무턱대고 하드워킹(hard working)'이 아니라 점점 '지적 하드워킹'을 요구한다. 생각을 많이 하는 것은 일과 회사에 올바른 애정이 없으면 불가능하다. 방법은 하나, 공부하는 것이다. 스스로가 저돌적이고 일을 벌이는 편이라고 생각된다면 그럴수록 학습모임을 조직하든 상사에게 부탁을 하든 많이 공부하고 고민해야 한다. 이들의 열정에 학습열이 결합한다면, 추진력 강한 쇄빙선(碎氷船) 같은 인재가 될 수 있다.

해결사형 : 제대로 된 답을 가져온다

해결사형은 어떻게 해서든 답을 가지고 온다. 이른바 '끝장정신'이 있기 때문이다. 이들은 끊임없이 학습하고 적용하기를 게을리하지 않는다. 꾸준한 학습과 노력은 본질을 보는 능력을 발휘하게 하는 밑바탕이다. '무엇이 문제인가', '무엇이 상황을 어렵게 하는가', '핵심이 무엇인가' 등 문제의 본질을 캐는 질문을 자신에게 수도 없이 던진다.

대부분의 해결사 유형은 조직에서 판에 박힌 일보다는 창의적인 일을 찾아 나서서 고집스럽게 매달리고 성취한 뒤 훨씬 더 큰 짜릿함을 맛보고 싶어 한다. 남들이 보지 못한 문제의 본질을 보려고 하고, 그 해법을 찾는 데도 집요하다. 어려운 문제일수록 보상이 커진다는 것을 알기 때문이기도 하고, 성취욕구가 남다르기 때문이기도 하다. 이를테면 일종의 반골기질이 있어서, 남들이 어려워하거나 못하겠다고 포기하는 일에 더 매력을 느낀다. 문제를 해결함으로써 자신의 실력을 검증하고 활력소로 삼겠다는 생각을 가지고 있다. 그런 만큼 일을 대할 때 적극적이며, 스스로 찾아서 할 줄 알고 매듭지을 줄도 안다. 일에 대해 가지 내기와 가지치기를 계속 반복하는 것이다.

그렇다면 이들은 구체적으로 일을 어떻게 할까?

첫째, 일을 찾으면 긴급성, 중요성, 장기성 등 우선순위에 대한 기준을 적용한다.

둘째, 뛰어난 해결사는 일을 언제까지, 어떻게, 어느 수준으로 할 것인지 생각한다.

언제까지 하겠다는 의지가 부족하면 책임회피 심리가 발동하기 쉽다. 반면 데드라인에 대해 책임감을 느끼면 자연스럽게 방법을 치열하게 고민하게 된다. 여기에 과거의 한계, 업계의 수준을 뛰어넘겠다는 의지가 있다면 금상첨화다.

예를 들어 어떤 일을 할 때 '시간 되는 대로 하겠다'고 하는 사람은 어떤가. 예측하기도, 신뢰하기도 어렵다. 긴장감이나 열의를 느낄 수 없기 때문이다. 반대로 어떤 사람이 일을 맡을 때 '좋아, 다음

조직 구성원의 4가지 유형	
평론가형	• 정보를 곱씹지 않고 결과 중심으로만 모은다. • 뿌리 없는 뉴스나 가십거리에 관심이 많다. • 어디를 가든 잘못된 점, 안 좋은 점들에 포커스를 둔다. • 실력 담금질 없이 상대를 깎아내리는 데 익숙하다.
무기력형	• 사람들과 일을 통해 배우겠다는 에너지가 없다. • 다른 세대나 다른 처지의 사람들과 소통할 기회를 만들지 않는다. • 무슨 일이든 겁부터 낸다. • 자기 생각이 아니라 '안 된다'는 남들 이야기에 의존한다.
막무가내형	• 고민하고 생각할 시간 없이 바로 돌진한다. • 배우는 데 시간과 비용을 투자하지 않는다. • 시뮬레이션 없이 행동만 앞세운다. • 개선은 머릿속에 없다. • 계획을 잡거나 메모하는 것 없이 생각나는 대로 한다.
해결사형	• 소통이 원만하고, 사람을 좋아한다. • 문제가 생기면 24시간 내내 문제에 대해 고민할 수 있다. • 끝끝내 답을 가지고 온다. • 체력이 뒷받침된다.

번에도 일감을 얻으려면 적어도 3주 안에 반드시 납품해야겠다'고
결심하고 상대에게 원하는 기일과 기대 수준을 묻는다면? 구체적인
목표와 의지를 품는 것에서부터 일에 대한 몰입도가 차이 나기 시작
한다. 이런 마음가짐이면 시행착오를 겪더라도 바로잡는 시간이 빠
르다. 의욕이 다르기 때문이다.

실력으로 인정받고 위에 오르겠다는 생각이 강하니 이들은 책임

감도 남다를 수밖에 없다. 리더십은 논외로 하더라도 기본적으로 '회사가 곧 나이고 내가 곧 회사'라는 생각이 강하다. 만약 실패를 하거나 실적이 예상치보다 낮을 경우에는 CEO 못지않게 죄책감을 느낀다. 남들이 '그 정도면 괜찮다'고 위로해도 자신의 기대에 부응하지 못하면 받아들이지 않는다. 그만큼 자존심도 세고, 스스로에게 엄격하다는 뜻이다.

그러나 죄책감을 느낄지언정 주저앉지는 않는다. 포기하면 그것으로 끝이고, 그렇게 되면 다른 사람들과 다를 게 없다고 생각하기 때문이다. 이들은 조금만 방심하면 회사에 손해를 끼칠 수 있다는 생각에 항상 긴장해 있고, 동료들에게도 그것을 요구한다.

그렇다면 동료에게 이들은 깐깐한 시어머니처럼 보일까? 그렇지는 않다. 혼자서 모든 것을 다 하기란 어렵다는 걸 본인도 잘 알고, 동료들을 든든한 버팀목 또는 지원군이라 여기기 때문이다. 동료들의 도움을 적극 요청하는 만큼 본인도 동료들의 일을 돕고자 하는 자세가 돼 있다.

이쯤에서 눈치챘을지도 모른다. 해결사형 주위에는 서로 도움을 주고받는 믿을 만한 또 다른 해결사형들이 있게 마련이다. 능력과 열정, 헌신성이 평균 이상인 사람들이 모여 시너지 효과를 내는 것이다.

누가 건강한 조직을 만드는가

우리는 모두 직장에서 잘하려고 하지만 때로는 크고 작은 실수와 실패로 손해를 끼치기도 한다. 무기력하게 무너지기도 하고, 막무가내로 추진했다가 손실을 내기도 한다. 때로는 절실하게 아이디어를 구하는 담당자에게 내 일이 아니라며 평론가처럼 발언하기도 한다. 말그대로 잘해보려다 일어나는 '병가지상사'다. 그러나 실수와 실패를 만회하려 하지 않고 거기서 포기한다면 우리 모두는 다운포스(down force)로 일할 수밖에 없게 된다.

누구나 깜빡 그런 실수를 할 수 있다. 하지만 그런 풍토가 조직 전체에 물들어 있다면 그 회사, 그 조직의 결말은 빤하다.

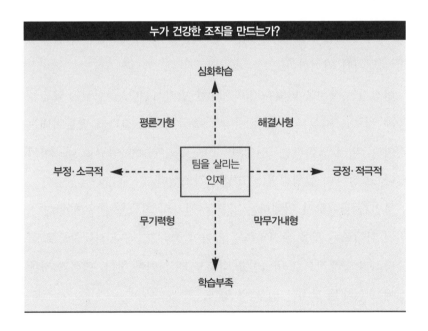

우리의 생각과 행동은 동료들에게 '힘'으로 작용한다. 사기를 끌어내리는 다운포스로, 또는 전체 사기를 끌어올리는 업포스(up force)로 말이다. 우리가 업포스를 지향해야 하는 이유가 여기에 있다. 생각과 행동에는 점염성이 있기 때문이다.

능력 있고 훌륭한 직원이란, 실행력이 있고 현장에 강한 인재다. 고객이 필요로 할 때 가장 빨리 찾아가 문제를 해결해줄 수 있는 직원이다.

사람을 극단적으로 나누면, 공론가와 실천가가 있다. 공론가는 평론가형처럼 말만 하지 실행이 따르지 않기 때문에 허무함을 준다. 세상의 모든 것들은 결국 실천가가 만든다. 역사에 남은 사람은 공론가가 아니라 끝장정신을 가진 실천가들이다. 우리는 공론가가 아니라 실천가를 기억한다.

실천가는 자신을 변화시키고 세상을 변화시킨다. 끊임없는 학습을 통해 새로운 지식과 정보를 바탕으로 궁리해서 결과를 만들어내는 것이다. 피터 드러커는 "진정한 지식은 그 자체에 행위를 내포하고 있다"고 말하며 실행력의 중요성을 강조했다.

무언가를 이루기 위해서는 다른 무언가의 희생을 감수해야 한다. 먼저 뛰어드는 것을 두려워하지 않아야 한다. 실패나 시행착오로 질책당하고 공개적으로 비난받을 각오도 돼 있어야 한다. 명성과 자존심에도 언제든 상처를 입을 수 있다.

혼다에는 '작업복을 입은 사람이나 손에 기름때를 묻힌 사람이 뒤로 밀리기만 하면 현실경영을 제대로 할 수 없다'는 혼다 소이치로(本田宗一郎)의 철학이 있어서 경영에 엔지니어들이 반드시 참여한다. 학벌 좋은 사람, 영어 잘하는 사람, 멋진 프레젠테이션 출력물을 만들어내는 사람만 대우받는다면 그 조직의 실행력은 누가 담보해주겠는가? 문제의 답은 현장에 있는 경우가 많다. 그러므로 현장 중심의 실행력을 갖춘 사람이 필요하다. 그것도 즉시, 반드시, 될 때까지 한다는 '문제해결 패턴'이 몸이 배인 사람이 필요하다. 영어 잘하고, 컴퓨터 잘하는 것이 최종 목표가 될 수는 없다. 그것은 어디까지나 일을 잘해서 제대로 역할을 하기 위한 작은 도구이고 시작에 불과하다.

성공가도에 있는 많은 사람들, 그들은 어떻게 성과를 올릴 수 있었을까? 자세히 들여다보면 뛰어난 학교성적이나 천부적 재능이 그들을 성공시킨 것이 아니라는 사실을 알 수 있다. 잘나가다가 시장에서 사라진 기업들이 알려주듯, 똑똑한 인재가 많거나 첨단시설, 기술력, 수상경력이 많다고 성공을 장담할 수는 없다.

계속 성장하는 기업들을 지탱하는 것은 과거의 실력이 아니라 지금 이 순간에도 이어지는 벤처정신 내지는 끝장정신이다. 문제를 기필코 해결해내는 기업풍토, 그런 체질이 몸에 배어 있는 것이다.

끝장정신은 태어날 때부터 가지고 있던 재능이 아니다. 그리고 학창시절에 얻은 성적표와도 또 다르다. '이만하면 됐다', '이 정도에서 그만 하지', '적당히 하라'는 내면의 유혹을 이기고 제대로 문제를 해결하는 체질개선이 이루어져야 가질 수 있는 것이다. 나서서 치열하게 답을 내고, 맡은 일은 끝까지 기필코 해내겠다는 끝장정신이 살아 있는 인재, 즉 해결사형 인재가 결국 강한 조직을 만든다. 물론 조직도 그런 해결사형 인재에 강력하게 가점해야 할 것이다.

깨어 있지 않으면 망해도 느끼지 못한다

"시장이 제일 무섭다. 예측할 수 없기 때문이다."

리더들이 이구동성으로 하는 말이다. 대기업은 대기업대로 중소기업은 중소기업대로 급속한 시장변화에 대한 두려움이 있다. 판세와 판도가 바뀌고, 상품은 하루아침에 낡은 것이 돼 쓰레기 취급을 받는다. 산업이 무너지고 경제가 파탄 나면 국가적 위기가 순식간에 몰려오니, 이 두려움은 비단 기업만의 것이 아니다.

이제는 그 어떤 조직도 안정적인 것에 안주할 수 없다. 사람에게는 현상유지하려는 본능이 있지만, 체질을 바꾸고 개선하라고 아우성치는데도 꼼짝 않고 있다가는 변화의 폭풍에 흔적도 없이 쓸려 가 버릴 것이다. 오직 혁신과 변화만이 살 길이다.

그 교훈을 여실히 보여준 사례가 일본을 대표하는 항공사 JAL의 파탄이다.

JAL의 사례는 어떤 조직이든 무사안일주의에 빠지면 소리 없이 죽어가고, 나중에는 고통스럽게 상처를 남긴다는 것을 보여준다. JAL은 냄비 속 개구리처럼 서서히 죽어갔고 결국 상장폐지, 파산했다. 정부가 나서서 뼈를 깎는 회생절차를 밟아 일부를 살려냈지만, 같이 동고동락했던 동료들을 몰아내는 비극을 피할 수는 없었다.

몇 년 전만 해도 JAL의 직원들은 일본 직장인보다 최대 3~4배나 많은 연봉을 받았다. 그야말로 '신의 직장'이었다. 1970~80년대 일본의 급속한 경제발전과 함께 JAL은 운송실적에서 세계 최고에 오르기도 했다.

그러던 회사가 2009년 재정파탄이 나자 정부가 나서서 경영자를 물색했지만, 누구도 맡으려 하지 않았다. 나서는 사람이 없었다. 결국 당시 총리였던 하토야마 유키오(鳩山由紀夫)는 '살아 있는 경영의 신'이라 불리는 이나모리 가즈오(稻盛和夫) 교세라 회장에게 구원을 요청했다.

주위에서 만류했지만 이나모리 회장은 '이 회사까지 무너지면 일본 경제가 치명상을 입는다'는 우려의 목소리를 외면하기 어려웠다. JAL이 일본을 상징하는 기업인 데다, 수만 명의 고용을 지켜야 하는 책임도 있었다. 결국 그는 여든에 가까운 나이를 무릅쓰고, 월급도 필요 없다며 JAL의 경영자직을 받아들였다.

2010년 부임한 후 그가 본 JAL의 실상은 경악스러웠다. 과거에도 이미 세 차례에 걸쳐 공적자금을 지원받았음에도 '대마불사론'만 믿고 방만하고 관료주의적인 경영에 안주하고 있었던 것. 재정파탄의 가장 큰 원인은 경영진과 간부들의 의식에 있었다. 최고를 목표로 하는 도전의식, 지속성장과 생존을 위한 끊임없는 혁신, 동료와 고객이 신뢰할 수 있는 책임의식이라고는 찾아볼 수 없었다.

그는 경영진의 오만함이 불행을 자초했으며, 책임감, 사명감, 경영감각의 부재로 고객이 떠난 것이라고 분석했다. 그런데도 임직원들은 '회사가 망했다'는 사실을 현실로 받아들이지 못하는 것 같았다. 경영파탄이 난 상태에서도 비행기는 세계 각지의 도시를 향해 이착륙을 계속했고, 임직원들은 변함없이 해왔던 일을 하면 월급을 받을 수 있었기에 절박한 위기의식 같은 것이 없었다. 더욱이 파일럿들은 특수직이라는 변질된 자존심과 거만함, 거기서 묻어나는 권위주의로 가득 차 있었다.

당시 JAL은 채권단의 요구로 임직원의 3분 1인 1만 5,000명 이상을 해고해야 할 처지였다. 동료가 동료를 해고해야 하는 비극에 처했는데도 그들은 그다지 절박해 보이지 않았다.

물론 JAL 스스로 전혀 노력하지 않았던 건 아니다. 전임 CEO였던 니시마쓰 하루카(西松遙)는 재정상태를 개선하고 금융위기를 극복하기 위해 근검절약을 몸소 실천했던 인물이다. 파일럿 연봉의 절반 정도만 받고 CEO 전용차량도 없앤 채 점심에는 사원식당에서 밥을 먹으며 직원들과 소통했다. 그의 노력은 세계 각국의 미디어에 소개되며 찬사를 받았지만, JAL은 바뀌지 않았다. CEO의 솔선수범하는 혁신의지는 간부들 단계에서 꽉 막혀 하부로 전파되지 못했다.

이나모리 회장은 JAL의 CEO에 부임하자마자 간부들의 의식을 바꿔놓는 데 주력했다. 그는 워크숍에서 "현재 여러분의 경영 마인드로는 동네 가게 하나도 제대로 운영하기 어렵다"며 경영진에게 호통을 쳤다.

"여러분은 다른 회사 같으면 이미 길거리를 헤매는 노숙자 신세가 됐을 것이다. 사태가 이 지경이 됐는데도 여러분에게서 사명감, 책임감, 비장한 각오, 의지 같은 걸 전혀 느낄 수 없다. '우리는 회사를 망하게 했다'는 사실을 자각해야 한다. 회사를 파탄 나게 했고, 동료들과 지역사회, 국가에 큰 타격을 주었다."

정부가 어쩔 수 없이 나서서 회사가 돌아가고는 있지만 '이미 망한 회사'라는 것이었다. 그런데도 임직원들의 생각이나 의식이 이나모리 회장의 눈에는 너무 안일해 보였다.

"일본의 가전회사들은 기술력, 노하우, 첨단설비, 특허 그리고 최고의 인재들까지 모두 보유하고 있다. 그런데도 삼성, LG 같은 한국 기업에 지고 있다. 혁신의지와 의식개혁 의지가 없는 경영진의 정신 상태가 가장 큰 문제다. JAL도 최첨단 항공기, 운항에 필요한 기반 시스템과 기술, 시설, 설비, 자원 모두 풍족했다. 하지만 보이지 않는 의식, 사고방식에서 문제를 일으켜 현재에 이르렀다. 일본 경기 침체도 따지고 보면 장기적인 불황에 빠진 것이 아니라 현실에 안주한 것이 원인 아닌가. 잠자고 있는 여러분의 의식이 문제다."

그는 끊임없이 혁신을 이어가지 못하고 불황 운운하며 변명이나 하는 안일한 사고방식을 집요하게 비판했다.

그는 어느 인터뷰에서 그때 상황에 대해 이렇게 말했다.

"당시 JAL에는 도산할 수밖에 없었던 사고방식, 의식이 있었다. 그 것을 깨닫고, 당장 바꿔야 살아남을 수 있었다. 그것을 바로잡는 것이 최우선이었다."

이나모리 회장은 의식개혁추진위원회를 세우는 것으로 체질개선을 시작했다. 그는 직원들 앞에서 "성취감은 늘 고통에서 시작된다. 힘들고 어려운 시간이 즐거움을 선사한다. 반대로 편하고 쉬운 것은 공허함과 허무만을 남긴다"며 새로운 경영이념과 경영철학을 가져야 한다고 강조했다. 그리고 과거 교세라에서 효과를 본 경영철학을 도입했다.

"새로운 계획을 성취하기 위해서는 불요불굴(不撓不屈)의 마음만 있으면 된다. 오직 한결같이 그것만 생각하고, 기운차고 강하게 일편단심으로 가는 것이다."

불요불굴, 어떤 고비에서도 결심이 흔들리지 않는 자세는 이나모리 회장이 지속적으로 강조하는 가치다. 그는 CEO 취임식에서도

"부활할 수 있느냐 없느냐의 성패는 '우리는 반드시 부활한다'는 불요불굴의 정신을 가질 수 있느냐에 달려 있다"며 끝장을 보는 정신으로 정진할 것을 당부했다.

동료를 해고해야 하는 비극을 만들지 말라

"어떤 업종, 어떤 산업이든 모든 것은 사람이 어떻게 하느냐가 가장 중요하다. 사람이 만들어내는 질(質) 말이다. 아무리 최첨단설비를 갖추고 최고의 근무환경을 만들어줘도 일하는 사람의 의식이 낮으면 그 회사는 망한다."

JAL은 이나모리 회장의 진두지휘 아래 의식개혁위원회를 만들고 학습회를 열었다. 주제는 '왜 우리는 망했는가, 우리가 무엇을 잘못했기에 동료를 해고하지 않으면 안 되는 비극을 낳았는가'였다. 먼저 경영진 워크숍을 진행하고, 논의에 참여하지 못한 파일럿과 승무원들은 영상물과 자료를 통해 철저히 공유하는 작업을 병행했다. 스스로를 부끄러워하고 반성하고 해법을 생각하는 시간이었다.

학습회는 시간이 지나면서 전사적으로 확대되었다. 수십 명 단위로 주 1회씩, 수십 회를 반복했다. 도산했다는 현실을 공유하고 그럴 수밖에 없었던 이유를 파고들고, 그렇다면 무엇을 어떻게 바꿔야 하는가에 대해 토론하고 공유했다. 어떤 의식, 어떤 사명감, 어떤 사고, 어떤 실행이 필요한가에 대해 본질적인 토의를 했다. 우리가 왜 변해야 하는가. 우리는 어떻게 변해야 하는가를 스스로 터득해가는 과정이었다. 어찌 보면 그것을 미리 고민하지 않고 학습하지 않은 것이 불행을 낳은 것 아니겠는가.

현실을 마음으로 받아들이고 다함께 머리를 맞대고 해법을 찾느라 학습회는 예정된 시간을 수도 없이 초과했다. 서로 공유해야 할 것들이 한두 가지가 아니었다. 간부들과 경영진은 서서히 책임을 통감하면서 밤늦은 시간까지 토론을 이어갔다. 기어이 살려보자는 의지가 싹트기 시작한 것이다.

한편 이나모리 회장은 시간을 쪼개 현장을 찾아가 "간부들이 아무리 노력해도 한계가 있다. 여러분의 힘이 필요하다"고 직원들에게 머리 숙여 부탁했다. 아울러 간부들에게는 기본기를 거듭 강조했다.

첫째, '현장 중시'와 '최첨단 서비스 정신'이다.

"'JAL을 선택해줘서 고맙다'는 마음으로 기장부터 고객에게 제대로 인사할 줄 알아야 한다. 틀에 박힌 안내방송이 아니라 마음을 담아서 해야 한다. JAL의 철학이나 가치관을 담아 자신만의 스피치를 하라. 고객에게 '과연 달라졌다, 역시 JAL은 다르다'는 말을 들어야 하지 않겠는가? 감동의 목소리가 들리고 감사의 편지가 올 정도는 돼야 한다."

이는 단순히 인사를 잘하라는 잔소리가 아니다. 자기 일에 대한 사명감과 애사심, 고객을 정성껏 맞이하겠다는 서비스 정신 등 가장 기본적인 '직장인으로서의 소양'을 바로잡자는 것이다. 그런 사람들은 동료에게도 최첨단 서비스 정신을 발휘하기 때문에 자연스럽게 일하기 좋은 기업풍토가 만들어진다. 고객도 그런 기풍이 있는 회사를 더 좋아한다. 그렇게 파일럿부터 승무원들까지 감사하는 마음으로 고객을 대하고 움직여, 고객이 '이왕이면 저 비행기를 타고 싶다'는 생각이 들게 해야 한다는 것이다.

따지고 보면 교세라 같은 제조업이든 항공산업이든, 업종을 불문하고 모든 직원들은 자신이 맡은 일에 대해 최고의 서비스 정신이 있어야 한다. 이나모리 회장도 "진입장벽이 높은 항공사 같은 첨단장치 산업도 최고의 서비스 정신을 가지고 일한다는 생각으로 현장에서 그대로 실행해야 한다"고 강조했다.

둘째, '수익'이다.

이나모리 회장은 '경영은 수익을 내야 한다'는 사실을 끊임없이 환기시켰다. 수익을 낼 수 있도록 일을 제대로 하고 있느냐는 비판도 서슴지 않았다. JAL은 비영리단체보다 더 심각할 정도로 직원들의 비용개념과 수익개선 의지가 없었다. 그러한 방만경영이 회사를 망친 것이다.

영업활동을 통해 수익을 개선하려는 노력 없이 '국가적 사업', '항공 인프라의 선진화'라는 미명 아래 쉽게 돈을 빌려 항공기 같은 거대한 자산을 늘려온 그들이었다. 겉으로는 규모가 커지고 성장한 것

같지만 속을 들여다보면 순전히 빚으로 늘린 자산이었다. 이자부담이 계속 늘어나도 누구 하나 책임질 생각은 하지 않았다. '경영은 수익을 내는 것'이라는 기본 중의 기본을 잊고, 빚을 내서 흥청망청하는 사이에 간부들의 경영감각이 둔해진 것이다.

이나모리 회장은 충격을 받았다. 기업이 이익을 내지 못하면 나중에는 직원들 월급도 줄 수 없고, 많은 사람들이 직장을 잃어야 하며, 그렇게 회사가 망하면 지역사회도 몰락한다는 문제의 심각성을 이해하지 못하는 간부들이 조직을 장악하고 있었던 것이다. 심지어 부임한 직후 수익개선과 경비절감 캠페인을 전개해야 한다고 하자 어떤 간부들은 안전을 이유로 비용을 줄일 수 없다고 반발했다. 그런 생각이 지배적이었다. 혁신할 것도 없이, 해오던 대로 하면 탈 없이 지낼 수 있다는 썩은 조직의 기업문화를 단적으로 보여주고 있었다. 회장은 안전만 외치는 경영진에게 일갈했다.

"경영간부가 기본적인 회계를 모른다니 말이 되는가? 안전을 이유로 비용을 줄일 수 없다는 생각은 틀렸다. 월급을 조금 줄인다고 안전에 지장이 있는가? 수익을 내야 한다. 그다음에 안전을 보장할 수 있고, 고용을 지킬 수 있다. 그때 비로소 복지도 늘릴 수 있다."

우선 월급을 깎는 한이 있어도 적자는 내지 말아야 한다는 것이다. 그런 기본적이고 본질적인 마인드 없이는 그 무엇도 운영할 수 없다는 의미다.

수익을 낸다는 것은 돈을 많이 벌겠다는 단순한 야망을 뛰어넘는 것이다. 동료를 위해, 회사를 위해, 지역사회나 국가경제를 위해 어떤 일이 있어도 회사를 살리겠다는 의지가 뒷받침되지 않으면 조금만 힘들어져도 쉽게 주저앉게 된다. 이 점을 간파한 이나모리 회장은 이해득실을 뛰어넘는 '순수한 마음'을 강조했다.

"이해득실만을 따지자는 것이 아니다. 간부들의 의사결정 기준에는 자기 자신이 아니라 전체가 들어 있어야 한다. 리더들에게는 다른 사람들을 먼저 생각하는 순수한 마음과 강한 열망이 요구된다. 결코 적자를 내지 않겠다는 생각, 결코 망하게 하지 않겠다는 의지가 필요하다."

이에 그는 교세라에서 성공을 거둔 아메바 경영을 JAL에 이식했다. 사업부별, 노선별로 해당 간부가 경영을 책임지고 '매출은 최대로, 비용은 최소로' 하여 수익을 내자는 것이다. 흑자노선이 적자노선의 부실을 막아줄 길을 원천적으로 차단한 다음, 수익을 내지 못하는 노선은 과감히 없앴다. 덩치를 키우는 데 익숙한 기존의 경영진에게는 말 그대로 '가죽을 벗겨내는(革新)' 시련이었을 터.

"이 숫자의 어디에 당신의 의지가 담겨 있는가?"

이나모리 회장은 경영간부들부터 숫자를 보고 운영할 줄 알아야 한다며 강하게 몰아붙였다. 그래야 불황이나 예기치 못한 리스크에 버틸 수 있는 체질로 변할 수 있기 때문이다. 리스크를 감수하지 않으면 발전할 수 없기에, JAL은 최악의 상황을 상정해 극한에 도전하는 기업풍토를 만들었다.

그 결과 JAL은 차츰 강한 체질로 변모하기 시작했다. "간부들의 의식이 변하면서 실적이 개선되기 시작했다"는 이나모리 회장의 말처럼, JAL은 뼈아픈 구조조정과 의식개혁 운동을 통해 1년 2개월 만에 법정관리에서 벗어나 역대 최고의 영업이익을 기록했다. 2010년 1월 무려 2조 3,000억 엔, 한화로 30조 원이 넘는 부채를 안고 파산했던 JAL은 우여곡절 끝에 2년 8개월 만인 2012년 9월 19일 새출발했다.

이미 세 차례나 막대한 공적자금을 받았던 이력이 있었음에도 파산을 피하지 못했기에 지금도 비난은 거세다. 국가적 피해를 최소화하기 위해 정부는 어쩔 수 없이 기업재생지원기구에 맡겼지만 기구는 3,500억 엔의 자금을 다시 JAL에 투입해야 했다. 그리고 기구는 일본을 대표하는 명문기업이라던 JAL에 1만 5,000명을 감원하라고 명령했다. 월급과 연금지급까지 대폭 삭감해야 했으며, 그것도 모자라 재차 고액연봉자 파일럿과 승무원 165명을 일방적으로 추가 해고했다. 모두가 아픔을 겪어야 했다. 기업재생지원기구는 일단 풀지 못한 숙제들과 치유하지 못한 많은 상처들을 남겨둔 채로 투자자금 회수를 위해 재상장의 방법을 선택했다.

월급도 사양하고 JAL를 살려보겠다고 나선 교세라 이나모리 회장 말대로 '망한 회사'에서 다시 살아난(?) JAL은 많은 오명을 남겼다. 약 45만 명에 달했던 개인주주들의 귀중한 재산을 휴지조각으로 날렸고, 막대한 국민혈세를 흡혈귀처럼 빨아먹었다. 또 수만 명의 직원들과 사회에 고통과 큰 상처를 남겼다.

JAL이 우리에게 주는 교훈만은 분명하다. 결국 우리 미래를 보장해줄 답은 끊임없는 혁신에 있다는 것.

어떤 조직이든 내부에서 더 나은 변화를 갈망하는 풍토가 사라지면 혁신에서 멀어진다. 혁신과 멀어진다는 것은 곧 고객과 멀어진다는 것을 뜻한다. 고객은 뒤처진 곳을 결코 돌아보지 않기 때문이다. 그 결과는 '실적부진'이라는 부메랑이 되어 돌아온다. 혁신의 필요성을 절감하기까지 시간을 낭비한 만큼 기업은 직원들과 함께 대가를 치러야 한다.

안 된다고
생각하니
안 되는 것이다

　세계 최초이자 최대 인터넷서점. 이 정도 정보만 가지고도 '아, 아마존~' 하는 분들이 있을 것이다. 아마존닷컴에서 책을 산 적이 없는 사람들도 그 이름은 안다. 자본금 300달러로 출발해 6년 만에 회원 수 2,500만 명을 돌파하며 전 세계에 인터넷서점 돌풍을 몰고온 주인공으로, CEO인 제프 베조스(Jeff Bezos)는 〈포브스〉가 선정하는 '최고의 경영인'에도 이름을 올렸다.

　생각해보자. 불과 10여 년 전만 해도 대부분의 사람들은 와인이나 신발, 구두, 가방 같은 것을 인터넷으로 사는 광경을 상상하지 못했다. 그런 마당에 1994년에 제프 베조스가 잘나가는 직장을 때려치우고 책을 인터넷으로 팔겠다고 하자 사람들은 하나같이 '미친 짓'이라고 했다. 심지어 본인 스스로도 미쳤다고 생각했다니, 당시 분위기를 짐작할 만하다. 그러나 미친 짓일지언정 그는 방법을 찾아 시도했다. 만약 그가 퇴사를 만류하는 상사의 말을 들었더라면, 안 된다고 하는 주위 사람들에게 설득됐더라면? 오늘날의 인터넷제국은 다른 사람이 차지했을 것이다.

'안 된다'는 보고서로 동료를 설득하지 말라

시작도 하지 않은 시점에서, 시도해보기도 전에 '그게 되겠어?'라고 말하며 해법을 생각하거나 고민하지도 않고 처음부터 '불가능'이라는 라벨을 붙이려는 사람들이 있다.

하지만 본래 일이란 게 지금 안 되는 것에 대해 '되는 방법'을 찾아 해결하는 것 아닌가? 지금 안 된다는 것은 나도 알고 다른 사람들도 다 안다. 그런데 개중에는 되는 방법을 찾을 생각은 않고 계속 '안 된다'는 말만 앵무새처럼 반복하는 이들이 있다. 안 되니까 되게끔 노력해봐야 하는데 혼자 노선을 거꾸로 타는 것이다.

사람들이 습관적으로 '안 된다'고 한발 빼는 이유가 무엇일까? 어떤 일이든 한 번에 해결될 확률은 높지 않기 때문이다. 게다가 그 과정에서 실패를 겪으면서 수차례 수정하고 고전해야 한다. 궁지에 몰리기도 하고, 때로는 개인생활을 희생해가면서 일을 처리해야 한다. '그게 되겠어?'라며 미심쩍어하는 사람이라도 나타나면 시도해보려는 의지를 내기도 어려워진다.

안 된다는 생각에 익숙한 이들이 비단 무능하거나 겁이 많은 사람만은 아니다. 일정 수준의 전문성을 갖춘 사람, 경력이 있는 사람, 정보력을 가진 사람들은 자기 능력을 발휘해 더 그럴듯하게 '안 되는' 이유를 만들어낸다. 혹시 당신의 상사나 사수가 그렇지는 않은가? 당신이 의욕적으로 아이디어를 내면 "이거 몇 년 전에 벌써 얘기 나왔던 거야, 그런데 안 돼"라며 무 자르듯 잘라버린다. 조사도 하고 논의도 해봤다며 증거를 내미니 "그래도 한번 해보시죠"라고 제안하기도 어렵다.

이들이 여론의 깃대를 잡으면 조직은 이내 움츠러든다. '그게 되겠어?'라는 도발은 뭔가 해보려는 의욕을 완전히 꺾어 시도조차 못 하게 만든다. 그런 사람들의 의견이 힘을 얻을수록 조직은 숨도 안 쉬는 것처럼 조용해진다. 프랑스 인시아드 경영대학원의 키쇼어 센굽타(Kishore Sengupta) 교수가 지적하듯이, 어중간한 도전과 어중간한 실패로 의욕을 상실한 사람들의 '경험함정(experience trap)'은 결코 낮지 않은 성공 가능성도 보지 못하게 차단해버린다.

최선의 대책은 투정만 부리는 짐꾼(spoiled worker)이 조직에서 사라지게 하는 것이다. 기업의 구조조정 1순위 대상자들이 '안 된다는 이유'에 기대며 몸 사리는 간부들인 이유도 여기에 있다. 한창 돈을 벌어야 하는 가장의 위치를 생각하면 안타깝기 그지없는 일이지만,

보신에만 눈먼 간부들이 먼저 밀려나는 것은 어찌 보면 당연한 결과다. 같은 부장이라고 다 정리되는가? 아니다. 임원이 되지 못하고 퇴직되는 이들의 면면을 가만히 들여다보면, 무기력하게 '해봐도 안 돼'라는 말만 하거나 '쓸데없는 짓 하지 말고 내가 시키는 일이나 잘해'라며 부하직원을 윽박지르는 이들이 많다. 20년 넘게 일했으니 그들에게 얼마나 많은 경험과 정보, 이론이 쌓였겠는가. 그런 귀한 자산을 안 되는 근거로만 삼고 있으니 안타까운 일이다. 보고서를 쓰라고 하면 안 된다는 보고서를 쓰느라 바쁘다. 그 밑에서 일하는 직원들과의 회의도 문제점과 단점을 이야기하는 시간이 돼버린다. 아니면 뚱한 표정을 하고 침묵으로 일관한다. 이런 사람들이 조직을 장악하는 순간 조직은 뇌사상태에 빠진다. 실적이 좋지 않은 부서나 사업부, 수년간 적자를 낸 인수대상이 된 기업에 특히 그런 사람이 많은 것이 우연은 아니다.

개중에 '된다'는 보고서를 쓴 사람은 왠지 자신만 손해 본다는 생각을 갖게 된다. 안 된다고 팔짱 끼고 앉아 있는 사람들도 대접받으며 회사 다니는데, 자신은 밤낮으로 고생하니 억울한 것이다. 그나마 기껏 업무를 개선하거나 신시장을 개척할 방안을 만들어 가면 '안 된다'는 공격에 번번이 좌절하고 만다.

그것이 얼마나 무서운지 알기에 선진·글로벌 기업들은 기를 쓰고 그런 사람들을 골라내는 것이다.

시도조차 하지 못하게 하거나 의욕을 완전히 꺾어버리는 '그게 되겠어?'라는 도발은 우리 주변에 언제나 있다. 멀리 갈 것도 없이 자신의 머릿속을 들여다보라. '유능한 김 팀장도 못했다는데'라며 지레 겁을 먹거나 '이거 막상 되면 일만 늘어나는 것 아냐?' 하며 계산기를 두드리는 자신을 만나지는 않았는가? 이런 두려움과 이기심을 떨쳐내고 조직과 자신에게 정말 도움이 되는 게 무엇인지 판단하고 '왜 못해, 해보지도 않고 어떻게 알아?'라며 진보적인 반발심으로 도전하는 근성이 필요하다.

　세상일이라는 게 반드시 강한 사람이 이기는 것은 아니다. 또 끈질긴 사람이 무조건 이긴다고 장담할 수도 없다. 정말 성공하려면 처음부터 믿어야 한다. '나는 할 수 있다'고 생각하고, 같은 경영목표를 보며 한마음으로 '할 수 있다'는 조직 분위기를 조성해야 한다.
　'할 수 있다'를 외치다 보면 할 수 있는 방법을 선명하게 그리기 시작한다. 간절히 원하면 기적이 일어나 저절로 이루어지기 때문이어서가 아니다. 우리의 몸과 생각이 성공의 방법을 찾게끔 변화하기 때문이다. 목표를 달성했을 때의 상황과 기분을 상상하면 우리 몸에 힘이 솟구친다. 뇌를 비롯해 신체의 모든 부분이 성공에 최적화되도록 움직인다. 맛있는 음식을 보면 침이 넘어가고, 신 레몬을 생각하기만 해도 침이 고이는 것처럼, '할 수 있다'고 생각하면 뇌는 할 수 있는 방법을 생각하는 쪽으로 움직이다.
　좋은 예가 바로 일본전산이다. 일본전산은 30개에 달하는 적자기업을 인수 1년 만에 모두 흑자로 전환시킨 '마이다스의 손'이다. 흔한 구조조정 한 번 하지 않고, 똑같은 직원들을 데리고 어떻게 그처럼 드라마틱한 변화를 이루었을까? 그 비밀은 바로 '할 수 있다'는 의식개혁에 있다.

나가모리 사장의 방법은 단순하다. 매일같이 현지에 출근해 소통하는 것은 물론, 작업장을 청소하고 정리한다. 패배감에 젖어 있는 직원들의 의식을 흔들어 깨우기 위함이다. 직원들이 '할 수 있다'는 생각을 갖기 시작하면 할 수 있는 방법을 스스로 찾으리라고 생각한 것이다.

패배의식을 떨쳐내기 위해서는 처절한 몸부림을 해야 한다. 돈 들이지 않고 잘할 수 있는 것들에 남보다 배로 투자해야 한다. 일본전산에 인수된 기업들은 우선 거래처를 찾아가 처음부터 다시 협상하고 가격을 조정한다. 납품방식을 개선하고 납품비용도 줄인다. 납기를 줄이기 위해 방안을 모색하고, 더 나은 소재를 찾는 노력도 게을리하지 않았다. 그럼으로써 매출이 줄어드는 상황에서도 적자를 내지 않는 방법이 있고, 수익률을 배가할 방법이 있다는 것을 보여줬다.

나가모리 사장을 비롯해 거대한 기업을 일군 위대한 경영자들을 보라. 그들은 힘이 센 사람, 강인한 사람, 머리 좋은 사람이라기보다는 '나는 할 수 있다'는 정신으로 완전무장한 사람들이다.

그들은 남들이 어렵다고 하는 일을 앞두거나 몇 번의 실패를 했을 때도 '이걸 내가 못한다는 게 이상하다'고 생각한다. 심지어 남들이 못하는 것들도 '나는 할 수 있다'고 혼자 중얼거린다. 그들이 근거 없는 자신감에서 그랬을까? 그렇지 않다. 오히려 달성하기 어려운 목표 앞에서 '믿지 않으면 이룰 수 없다'는 절박한 심정으로 무조건 할 수 있다고 스스로를 세뇌시켰던 것이리라.

오히려 '할 수 없다', '어렵다'며 아무것도 하지 않으려는 자세야 말로 어찌 보면 정말 오만한 발상이다. 자신은 처음부터 인정받고 좋은 결과를 얻어야 한다는 것 아닌가. 처음부터 멋진 결과를 얻을 수 있는 일이란 없다. 무슨 일이든 처음에는 악평을 받을 수 있고 무시당할 수 있다. 그럼에도 밑바닥에서 기면서라도 해내겠다는 각오가 있을 때, 비로소 결실을 거둘 수 있다.

생각이
젊어지지 않으면
회사가 구식이 된다

내가 속한 회사가 점점 어려워지고, 상품이 잘 팔리지 않는 원인에는 두 가지가 있다.

첫째, 우리가 파는 상품이 구식인 경우다.

둘째, 나 자체가 구식인 경우다.

조직이 어려워지는 표면적인 이유는 많지만, 본질을 들여다보면 결국 '구식'이기 때문이다.

여기서 말하는 '구식'은 물리적인 나이를 뜻하지 않는다. 정신연령, 생각의 나이다. 항상 젊은 생각을 가지고 노력하지 않으면 순식간에 구식이 된다. 사회변화에 능동적으로 대응하지 못하고 우물쭈물하다가 변화의 흐름을 놓치고 만다. 심지어 무엇이 어떻게 변하고 있는지조차 눈치채지 못한 채 지난날의 영광에 취해 있는 조직도 드물지 않다. 화무십일홍(花無十日紅)이라는 말에 담긴 준엄한 경고를 깨닫지 못하는 것이다.

상품의 생명에는 한계가 있다. 그리고 상품이 생명을 다할 때까지 아무 대비책도 내놓지 못하면 그 회사는 무너진다. 기업에 정해진 수명이란 없다. 단지 우리가 만들어내는 제품과 서비스의 수명이 있을 뿐이다. 한 상품이 히트하면 시간이 지나면서 경쟁자가 늘어나고, 가격도 하락한다. 게다가 소비자들의 니즈도 변해서 기존의 상품으로는 더 이상 그들을 만족시키지 못하는 지경에 이르게 된다.

요즘은 변화의 속도가 점점 빨라지고 있다. 물론 과거에도 세상은 빨리 변했겠지만, 오늘날의 변화속도에는 댈 게 아니다. 예를 들어 전기가 산업과 생활에 들어오면서 세상은 갑자기 더 빨라졌을 것이다. 그 후에는 인터넷이 전 세계 모든 분야의 속도를 배가시키고 있다. 하드웨어의 진화, 새로운 소프트웨어의 탄생, IT의 발달이 지금 이 순간에도 진화를 촉진하고 있다.

이 시대의 비즈니스 정글은 업계를 불문하고 시장 전체가 사라지고 태어나는 빅뱅의 연속이다. 새로운 산업이 기존의 산업을 흔들고, 시장의 판세를 바꿔버린다. 국내 최대 은행 중 한 곳의 임원진 대상 강연에서 어느 임원은 이렇게 말했다.

"은행의 경쟁자는 이제 은행이 아니다. 증권회사, 카드회사, 캐피털회사는 물론이고, 스마트폰이나 통신사도 모두 우리 경쟁자다."

스마트폰은 이미 소비자들의 금융거래, 교통, 쇼핑, 주유, 투자 등 생활경제의 모든 통로가 되어가고 있다. 은행은 사람들의 손에 쥐어진 작은 기계와 힘겨운 싸움을 벌여야 한다. 여기에 어떤 시장이 또 생기고 사라질지 누구도 장담할 수 없다. 특히 지금은 21세기의 첫 번째 불황의 터널을 통과하고 있는 중이기에 더욱 혼란스럽다.

일례로 IT 기업들을 보자. 불과 7~8년 전만 해도 우리나라 20대의 열에 아홉은 싸이월드를 이용했다. '미니홈피'라는 획기적인 서비스를 내세워 그전까지 시장에 군림하던 프리챌을 밀어내고 절대강자가 되었다. 그러나 지금 20대에게 싸이월드를 이용하느냐고 물으면 대부분이 그렇지 않다고 한다. 나름대로 열심히 했지만 결과적으로는 주도권을 내주고 말았다. 트위터나 페이스북 등 새로운 SNS 신흥세력의 변화속도가 더 빨랐기 때문이다. 판세는 그렇게 '아차' 하는 순간 바뀐다.

이처럼 정신없는 시대를 사는 우리에게 주어진 과제는 단연 '생존'이다.

그러면 어떻게 해야 살아남을 수 있는가?

죽기 살기로 항상 젊어져야 한다.

매력적인 신상품을 만들어내지 못하면 좋은 옛시절 추억할 시간도 없이 거리로 내몰리고 만다. 그 '좋은 시절'을 연장시키려고 기업들이 혁신하고 변화하는 것이다.

혹여 개중에는 'MS처럼 프로그램 하나 잘 만들어서 몇 십 년 잘 돌아가는 회사도 있지 않냐'며 반문하는 사람도 있을 수 있다. 물론 MS의 윈도나 3M의 포스트잇처럼 수십 년 장수하는 상품도 있다. 그러나 흔치 않다. 새로운 시장을 개척해 독점하는 상품도 없지는 않다. 그러나 그들도 살아남기 위해 치열하게 혁신하고 있다는 사실을 알아야 한다. 그 어떤 기업도 어제와 같아서는 살아남을 수 없다. 어제와 같으면 망하기 때문에, 글로벌 우량기업들도 하나같이 변화의 스피드를 따라가기 위해 도전을 마다하지 않는다. 앞서 말한 싸이월드도 페이스북에 밀린 후 고통을 이겨내고 해외진출을 재개하겠다고 나섰다.

혁신을 포기할 때 기업과 구성원은 모두 위험에 빠진다. 세상에 나오는 모든 상품은 생명의 한계가 있는데, 혁신하지 않고 변화하지 않은 채 그냥 해오던 안전한 길만을 걷는다면 어떻게 자신의 생명을 연장할 수 있겠는가. 기업의 구성원들이 변화하고 자신을 바꾸려 하지 않으면 어느 날 '당신은 퇴물이야' 하며 고객과 시장이 마음을 바꿔버린다. 이런 최악의 국면을 피하기 위해서는 젊게 생각하고 늙지 않는 회사를 만들기 위해 죽을힘을 다해야 한다. 사람이 먼저 달라져서 젊은 조직을 만들고 젊은 상품을 선보여야 한다. 앞서 코닥의 사례에서 느끼지 않았는가. 시장은 결코 '과거에 할 만큼 했으니 이제 좀 쉬어가자'는 생각을 허락하지 않는다.

보물섬을 향해 움직여라,
그러면
생각하는 조직이 된다

　옛날이나 21세기나 기업의 본질에는 변함이 없다. 다양한 능력들이 한 방향, 즉 모두가 한마음으로 꿈꾸는 목표를 향해 힘을 모아 그것을 이룩해가는 것이다. 다만 시대가 변해 그것을 이루는 방법이 달라졌을 뿐이다. 일례로 과거에 비해 변화의 스피드는 점점 빨라지고 더 많은 지혜가 필요해지고 있다. 시장이나 고객들의 반응속도만 해도 얼마나 빨라졌는가. 트위터나 페이스북으로 실시간 피드백을 준다. 생각도 다양하고 반응도 각양각색이다. 개중에는 아이디어도 있지만 해결해야 할 문제점도 있다.

　말할 것도 없이 시장경쟁도 점점 치열해진다. 더욱이 그것이 가격경쟁이나 속도경쟁 등 단순한 양상을 띠는 것이 아니라 한 차원 높은 '가치경쟁'이라는 점에서 까다롭다. 한두 사람의 능력과 아이디어만 가지고 싸울 수 있는 것이 아니다.

그러다 보니 회사에서의 직급이 어떻든 누구에게나 적극적이고 창의적인 문제해결 능력이 필요하다. 예전에는 능력 있는 리더의 명령에 일사불란하고 신속하게 움직이는 것이 중요한 역량이었다. 그러나 지금은 다양한 사람들이 함께하는 시대다. 명령을 기다리며 수동적으로 움직이는 시대가 아니라, 창의적인 사람들이 한 방향으로 뭉쳐 시너지 효과를 내며 신속히 행동해야 이길 수 있다.

조직이나 팀에서 각 개인은 물리학적으로 말하면 힘과 방향을 가지고 있는 벡터(vector)와 같다. 특정 방향으로 행동을 일으킬 수 있는 추진력이 내재돼 있다는 말이다. 그런데 이 추진력이 각자의 살길을 찾아 뿔뿔이 흩어진다면 오래가지 않아 지리멸렬하여 폐퇴하고 만다. 고학력에 경력도 탄탄한 전문가들을 모아도 팀플레이를 못하면 콩가루 조직이 되지 않던가. 성과를 내려면 구성원 각자가 가지고 있는 능력을 한 방향으로 모아 협업하여 높은 가치를 실현하려는 노력이 반드시 뒷받침되어야 한다.

내부역량이 한 방향으로 집중되면 구성원들은 정해진 방향에 맞게 움직이고, 모자란 부분은 외부에서 적극적으로 확보해나갈 수 있다. 특별한 결속력을 바탕으로 한 몸처럼 움직이므로 팀플레이 측면에서는 다른 기업이나 조직이 쫓아올 수 없는 수준의 문화가 구축된다. 하나의 방향으로 구성원들의 역량이 모이고 동참하고 집중하고 개선해간다. 상상해보라, 하나의 목표에 모든 구성원이 다 같이 몰입하는 광경을. 그런 기업에서는 누구도 흉내 낼 수 없는 특별한 아우라가 뿜어져 나온다.

대표적인 기업이 고(故) 스티브 잡스(Steve Jobs)가 이끌던 애플이다. 스티브 잡스는 독선적이고 종잡을 수 없는 CEO로 악명이 높았지만, 그럼에도 세계는 그를 최고의 리더로 꼽는 데 주저하지 않았다. 누구도 상상하지 못했던 혁신적인 제품을 내놓는 조직, 사용자들이 광신도 집단처럼 추종하는 기업을 만들었기 때문이다. 그가 구성원들에게 강조한 정신은 다름 아닌 '해적정신'이었다. '해적이 되자(Let's pirate)!'는 그의 구호에는 기존의 장벽을 부수고 새로운 것을 추구하는 애플의 지향이 잘 드러난다.

생각이 젊은 사람에게는 비전을 가지고 자신이 세운 목표를 향해 노력하는 것 자체가 삶의 원동력이 된다. 이들은 돈만으로는 일할 맛을 느끼지 못한다. 그보다 성취에 대한 기대감이 더 중요하다고 말한다. 한마디로 도전의욕을 자극하는 '보물섬'이 필요한 것이다. 어느 조직에서든 리더가 하는 일은 결국 구성원 모두가 원하는 보물섬을 제시하는 것이다.

현명한 리더는 조직의 발전방향에 맞는 보물섬을 그려서 구성원들을 독려한다. 저 보물섬에 우리가 원하는 세상이 펼쳐질 것이라고.

그럼으로써 조직 전체에 방향성을 부여하고, 구성원들의 자발적인 동기를 끌어낸다. 또한 매번 진화된 보물섬을 보여줌으로써 조직을 항상 역동적인 상태로 유지한다.

리더가 새로운 보물섬을 제시하면 성공하고 싶은 의욕적인 인재들이 나서게 마련이다. 그들은 '나도 조직의 성공에 기여하고 싶다', '나도 역사적인 성공에 일익을 담당한 사람으로 남고 싶다'는 생각으로 무장하고 도전에 임한다. 다음 목표가 무엇이며, 무엇이 문제이고 무엇이 핵심인지 고민하게 된다. 사람이 희망을 품으면 가지 않았던 길도 학습을 해서라도 가겠다고 한다.

반대로 희망을 품지 못하면 가보지 않은 길은 '안 가봐서 못 간다'고 하고, 해보지 않은 일은 '경험이 없어서 못 한다'고 합리화한다. 생존을 위해서는 반드시 새로운 기술, 새로운 상품, 새로운 시장을 개척해야 한다는 것을 망각한 채. 어떻게든 창의 궁리해서 새로운 생존의 길을 개척하려는 동료들은 울화통이 터질 노릇이다.

물론 조직 전체가 새로운 보물섬을 계획하면서 희망을 품는 일은 쉽지 않다. 새로운 비전을 보여주는 것만큼 어려운 작업은 없다. 특히 시장의 변화에 가속도가 붙은 오늘날은 더더욱 그렇다. 그러나 언제까지 외부환경 핑계를 대며 비전 제시에 손 놓고 있을 것인가? '10년 후, 아니 당장 1~2년 후 우리 회사가 어떻게 될지 장담할 수 없다'는 회사에서 의욕적으로 일할 직원이 있겠는가? '비록 상황은 어렵지만 10년 후, 20년 후, 그리고 100년 후 우리는 이런 회사를 꿈꾼다'는 비전을 함께 나누고 만들어가는 조직이어야 살 수 있다.

비전을 제시하는 일은 1차적으로 리더의 몫이다. 일찍이 나폴레옹은 '리더는 희망을 배포하는 사람'이라고 했다. 사람들에게 꿈을 가질 수 있게 하고, 이 조직과 일을 통해 더 나은 생활이 가능해진다는 희망을 줄 수 있어야 리더의 자격이 생긴다는 말이다. 뛰어난 리더는 사람들을 고무하고 격려함으로써 그들의 가슴을 뛰게 해 스스로 참여하게끔 이끄는 사람이다.

그러나 리더 혼자의 힘만으로는 부족하다. 구성원들의 생각이 들어가야 높은 파도를 넘어 보물섬으로 갈 수 있다. 따라서 우리가 가야 할 다음 보물섬은 CEO가 아니라 가능하면 전사적으로 찾아 정하는 것이 좋다. 전사적인 비전 워크숍이나 비전제안 대회의 역할이 바로 이것이다.

비전 워크숍에 가보면 그들이 지금 어떻게 일하고 있고, 앞으로 성패가 어떻게 갈릴 것인가가 보인다. 성장하는 기업에 가보면 그 열기가 뜨겁다. 자신들이 어디를 향해야 하는지 무엇을 이루려고 하는지를 분명히 알고, 의견과 아이디어를 아낌 없이 내놓는다. 그렇게 생각이 보태지고 의지가 쌓이면 그 힘은 단순합 이상으로 배가된다. 거기서 도약의 모멘텀이 만들어진다.

무엇보다도 그렇게 하면 '생각하는 조직'이 된다. 우리가 어디에 있고, 지금 무엇을 해야 하는지, 앞으로 우리는 어디로 갈 것이며 무엇이 필요한지 알려고 노력하게 된다. 구성원 한 명 한 명이 생각하면서 일할 수 있게 된다.

이 사실을 아는 유능한 리더는 구성원들에게 자신의 생각을 지시하는 것으로 끝내지 않는다. 참여를 이끌어낸다. 물론 경험 많은 자신이 결정해서 지시하면 더 신속하고 간편하게 일을 처리할 수 있다. 하지만 그런 식으로 성과를 낸 조직은 강해질 수 없다. 한두 사람에게 의존하는 성향만 강화될 뿐이다. 지금 당장은 카리스마 넘치는 리더가 있어서 문제될 게 없어 보이지만, 그다음 단계의 리더들이 크지 못한다.

지시만 해서 움직이면 리더 뜻대로 빨리 일을 처리할 수 있지만, 그럴수록 밑에 있는 직원들은 생각하지 않는 머리를 갖고 다니게 된다. 그런 관행에 익숙해지면 기회가 와도, 위기가 닥쳐도 생각하지 못한 채 지시만 기다린다. 기회가 눈앞에 지나가도 위기가 목까지 차올라도 리더가 눈치채고 지시하지 않는 이상 보지도 느끼지도 못하고 생각하지도 않게 된다. 심지어 알고 있으면서 모른 체하기까지 한다. 시키는 것만 하면 된다는 생각이 만연하고, 결과적으로 조직의 성장이 멈추는 치명상을 입는 것이다.

따라서 미래를 고려한다면 중간 리더나 실무진일수록 더욱 치열하게 생각해야 한다. 자신이 하는 일에 대해 자신의 의견을 말하도록 훈련해야 한다. 자신의 생각이 들어간 일에는 책임감을 더 느끼고 더 신나게 할 의지가 생기게 마련이다. 방법을 모르겠으면 퇴근 후에 공부를 해서라도 알아내려고 노력하게 돼 있다. 나아가 자신이 핵심인물 중 한 명이라 생각하면 더 그렇다.

이런 이유 때문에라도 조직의 문제를 해결하거나 다음 항해지를 정할 때 구성원들은 스스로 고민하고 의견을 말하려 노력해야 한다. 상사는 직원들에게 고민할 시간을 주고 인내심을 가지고 끝까지 경청해야 한다. 말 같지 않은 하찮은 의견이라도 다 들어줘야 할 때도 생긴다. 그들이 문제해결의 본질을 찾을 때까지, 해결책의 수준이 올라올 때까지 계속 의견을 주고받아야 한다.

미리 말해두건대 이 작업은 쉽지 않다. 인내와 에너지가 필요하다. 그러나 그 보상은 충분히 매력적임을 장담한다. 내가 진행하는 세미나 특강 때 어느 CEO는 "지시만 내렸을 때는 안 되는 이유를 말하는 직원들이 대부분이었는데, 그들의 생각이 들어가도록 했더니 결속력도 강해지고 회의시간이 '되는 방법'을 논하는 장이 됐다"며 즐거워했다. 시켜서 하는 일이 아니라, 우리가 함께 만드는 일이라고 생각하면 일에 임하는 태도와 자세가 사뭇 달라진다.

새로운 보물섬을 찾는 항해, 그것은 회사만 바라보지 않고 당신 스스로의 힘으로 새로운 기회를 만드는 것이다. 의욕적이고 젊은 생각을 가진 이들이라면 소용돌이치는 시장상황에서도 기꺼이 배를 구하고, 지도를 그리고, 보물섬을 찾아 나설 것이다. 모진 풍파를 이겨내면서 단결력을 키울 것이다. 생각이 하나로 모이고 서로 뭉치면서 결속력은 더 단단해질 것이다. 역경에도 꿋꿋하게 포기하지 않는 정신을 품게 될 것이다. 우리는 그런 의욕을 가진 사람들이 되어, 그런 사람들과 함께 움직여야 한다.

PART 2

'답'이
없는 것이 아니라
'**치열함**'이
없는 것이다

생각이나 아이디어는 언제든 실현될 수 있다. 한 가지 전제만 충족시키면 된다. '실제로 행동에 옮겨야 한다'는 것. 이게 가능하려면 먼저 실현할 방법을 골똘히 생각해야 한다. 다른 회사, 다른 경쟁자 흉내만 내서는 어림도 없다. 똑같이 해서는 이익을 낼 수 없다. 1등을 하려면 더 치열해져야 한다. 지금은 문제를 남보다 먼저 찾고, 새로운 방법과 답을 가져와야 생존할 수 있는 시대다. 관건은 끝장정신으로 '답이 나올 때까지 생각하는 습관'이다.

저것은 넘을 수 없는 벽이라고 고개를 떨구고 있을 때
담쟁이 잎 하나는 담쟁이 잎 수천 개를 이끌고
결국 그 벽을 넘는다.
-도종환, 〈담쟁이〉 중

답이
나올 때까지
생각하라

　어떤 일이든 잘할 수 있는 아이디어를 가진 사람은 많다. 그러나 그것을 성공으로 연결시키는 사람은 드물다. 아이디어 제안, 기획, 제품개발, 마케팅, 비용관리, 업무개선, 공법, 디자인, 판매 등 모든 업무가 그렇다. 시간을 줄이고 비용을 줄이고 품질을 개선하고 방법을 바꾸는 길은 무한하다. 혁신에는 끝이 없다고 하지 않는가.

　외부여건도 좋고 시설이나 장비, 재정 지원도 좋은데 상대적으로 성과가 형편없는 조직도 많다. 그런 조직은 왜 매출이 오르지 않는 것일까? 왜 시장을 개척하지 못하고, 왜 똑같은 실수를 반복하고 있을까? 왜 납기와 비용을 줄이지 못하고, 그나마 완성도조차 떨어질까? 왜 차별화된 아이디어가 나오지 않을까?

답이 나올 때까지 생각하는 습관이 우리 몸에 배어 있지 않기 때문이다.

현실에는 우리가 생각지 못한 많은 일들이 잠재해 있다. 매 단계마다 숨어 있는 장애물, 위협과 위기, 머리를 아프게 하는 난제도 괴롭고, 사람들과 일일이 부딪쳐야 하는 것도 스트레스다. 몇 번 고생하고 나면 다음부터는 좀 편하게 일했으면 좋겠는데, 일이란 본래 갈수록 어려워지는 법이다. 그렇다보니 '언제까지 이 고생을 해야 하나' 싶은 자괴감도 들게 마련이다.

이처럼 일하는 과정을 버거워하거나 귀찮아하면 어느새 온갖 핑계부터 찾거나 결과까지 생각하지 않고 적당한 선에서 자신과 타협하게 된다. 그러고 나서 남들이 성공하면 '저것은 원래 내 아이디어였는데', '내가 말한 걸 훔쳤다'며 억울해한다.

현실은 우리가 느끼는 것보다 훨씬 어려운 것이 사실이다. 그것들이 두렵기 때문에 사람들은 머리로는 할 수 있을 것 같아도 섣불리 나서지 못한다. 용기를 내서 해볼까 하다가도 작은 벽에 부딪히고는 이내 포기해버린다. 그러나 실행력이 없으면 아무리 뛰어난 아이디어도 무슨 소용 있겠는가. 선두에서 진두지휘하던 리더의 눈에는 먹구름과 풍파가 더 크고 확실히 보인다. 그렇다고 해서 리더가 항해를 포기하거나 우물쭈물 고민만 한다면 어떻게 되겠는가. 어느새 다가온 풍랑의 희생양이 될 뿐이다.

극지 정복이 초미의 이슈로 떠오른 20세기 초반, 미국의 로버트 피어리가 북극점을 정복한 이후 사람들의 관심은 남극 정복을 누가 할 것인가에 쏠려 있었다.

당시 가장 유력한 후보는 영국의 스콧 대령이었다. 그러나 최후의 승자는 뒤늦게 남극 탐험에 뛰어든 노르웨이의 아문센이었다. 스콧이 이끈 팀은 기지로 돌아오지 못한 채 전원 죽음을 맞이했다. 최고 품질의 모직 방한복을 입고 동력장치가 달린 첨단 썰매를 타고 갔지만, 극지에서 모직 옷은 얼어붙었고 썰매도 제구실을 하지 못했다. 명망은 있을지언정 치열하게 준비하지 못한 결과였다.

반면 아문센은 철저하게 실행 중심으로 생각했다. 극지방 인접 지역에서 겨울을 나면서 이누이트 족에게 극한에서의 생존법을 배웠다. 허스키 개를 구해 썰매를 끌고 이누이트 족이 입는 털가죽 옷을 입었다. 보급품에만 의존하지 않고 날것을 먹는 방법도 터득했다. 이처럼 작은 것 하나도 놓치지 않고 치열하게 생각하고 준비했기에 남극을 정복할 수 있었던 것이다.

아문센 팀이 이렇게 철저하게 준비해 성공할 수 있었던 것은 승리에 대한 남다른 집념과 절박함이 있었기 때문이다. 개인의 명예가 아니라 조국의 영광을 위해 반드시 승리한다는 끝장정신이 있었던 것. 독립한 지 얼마 되지 않았던 조국에 용기를 주고 싶다는 의지가 그를 이끌었다. 그런 비장함이 있었기에 끝까지 긴장을 유지할 수 있었고, 기어코 승리할 수 있었다.

우리도 일을 하다 보면 위기 국면을 돌파하기 위해, 한 단계 도약하기 위해 역량을 총동원해야 할 때가 생긴다. 이때 필요한 것이 피할 수 없으면 기필코 뚫고 나가겠다고 하는 '끝장정신'이다. 때로는 남들보다 배로 해보겠다는 미련함도 필요하다. 해보겠다고 다짐한 일에 대해서는 '일에 미쳤다', '미련하게 매달린다'는 말을 듣는 한이 있어도 포기하지 않고 흔들림 없이 해내야 한다.

생각이나 아이디어는 한 가지 전제만 충족된다면 언제든 실현될 수 있다. '실제로 행동에 옮겨야 한다'는 것. 이게 가능하려면 머릿속에만 떠도는 아이디어를 어떻게 실현할지, 그 방법을 뚫어져라 고민해야 한다. 개중에는 '지금 잘나가는 경쟁자의 방식을 따라 하면 된다'고 속 편하게 생각하는 사람들도 있는데, 어림없는 말씀이다. 남의 방식을 따라 하는 사람은 평생 남들의 발뒤꿈치 따라가느라 급급하게 된다. 최소한 남들의 방식을 개선하기라도 해야 한다. 물론 최고는 남들과 전혀 다른 방식을 생각해내는 것이다. 다른 회사, 다른 경쟁자와 똑같이 해서는 이익을 낼 수 없다. 1등을 하려면 더 치열해져야 한다. 지금은 문제를 남보다 먼저 찾고, 새로운 방법과 답을 가져와야 생존할 수 있는 시대다.

어느 대기업 임원의 SNS를 통해 국내에 알려진 '날개 없는 선풍기.' 처음에는 선풍기에 날개가 없는 것이 가능하냐는 반응 일색이었지만, 곧이어 최고의 혁신사례로 손꼽히며 날개 돋친 듯 팔려나갔다. 제품을 개발한 다이슨 사의 CEO 제임스 다이슨(James Dyson)은 이

선풍기를 개발하기 위해 수천 번의 실패를 감수해야 했다. 이 회사의 또 다른 히트작인 '먼지봉투 없는 청소기'는 개발기간만 5년이 걸린 인내의 산물이다. 청소기에 사이클론 방식을 적용하겠다는 발상을 실현하기 위해 무려 5,127번의 시제품 제작과 실험과 실패를 거듭한 끝에 마침내 해법을 찾아낸 것이다.

이처럼 누구나 한번 보면 잊을 수 없는 독특한 제품을 만들 수 있었던 것은, 끝장정신으로 '답이 나올 때까지 생각하는 습관'이 있었기 때문이다. 우리 또한 마찬가지다. 사람들의 뇌리에 박혀 잊히지 않는 결과물을 만드는 관건은 어떻게든 성공시키겠다는 일념으로 끝까지 답을 찾는 노력에 있다.

지속적으로 성장해온 기업들을 들여다보면 회사마다 막대한 이익을 만들어낸 전설적인 인물, 즉 '레전드(legend)'들이 존재한다. 코칭이나 강의에서 후배들에게 한마디 조언해달라고 부탁하면 그들이 입버릇처럼 하는 말이 있다.

"좀 더 치열하게 생각해줬으면 좋겠다."

조금만 더 스스로 고민해보면 답이 나오는데 생각을 하지 않는다는 지적이다. 실제로 우리 주위에는 일을 맡기면 처음부터 '어떻게 해야 하느냐'고 묻는 직원들이 있다. 스스로 생각하지 않는 사람들이다. 성장할 수 있는 습관이 전혀 잡혀 있지 않다. 스스로 치열하게 생각하고 고민하면 좋은 결과도 내고 발전할 수 있는데, 쉽게 답을 얻으려고만 하니 세월이 흘러도 실력은 내내 그대로다.

나는 5~6명이 일하는 작은 기업부터 몇 만 명 규모의 대기업까지 다양한 워크숍과 코칭을 해오고 있다. 그런데 어디든 현장에 가보면 불평불만이 없는 곳이 없다. 그래서 한번은 워크숍을 진행하면서 평소 업무에서 느꼈던 불만을 적어보는 시간을 가졌다. 그런데 의외로 자기 입으로 그렇게 열심히 내뱉었던 불만사항을 글로 쓰지 못하는 직원들이 많았다. 생각을 정리하는 습관이 부족했던 것이다. 불만사항에 대한 개선책을 제안해보라 했더니 아예 손도 대지 못하는 이들이 부지기수였다. 거기까지는 생각하지 못했다는 것이다. 평소에 답이 나올 때까지 생각하는 훈련이 얼마나 안 돼 있는지 보여주는 단면이다.

한두 번 고민해보고 만족해서는 안 된다. 내 생각이 틀릴 수도 있다는 의구심을 품어야 한다. 지금 하는 일도 '이대로 족한가'라고 자문자답을 반복하다 보면 발전할 여지가 보이게 마련이다. 그러면 더 나은 방법을 고민하게 된다. 새로운 해법이 어느 날 불쑥 나오는 게 아니다. 현재 자신의 생각을 의심하고 자신의 머리로 골똘히 생각해야 비로소 얻어진다.

누구에게나 승부욕이 있어서, 정말 해야겠다고 마음먹으면 해법이 나올 때까지 의식·무의식중에도 뇌는 답을 찾는 작업을 멈추지 않는다. 새로운 정보를 얻기 위해 가외의 수고를 하고, 그것을 지혜나 방법으로 쓰기 위해 24시간 풀가동하게 마련이다.

세계 최초로 인스턴트 라면을 만든 닛신식품의 창업자 안도 모모후쿠(安藤百福)는 생전에 어느 매체와의 인터뷰에서 이렇게 강조했다.

"나는 흥미가 있는 분야를 좁혀 항상 스위치를 켜두고 있다. 그렇게 하면 우선 그 분야의 시대변화를 감지할 수 있게 된다. 시대가 어떤 변화를 원하는지도 알게 된다. 같은 것을 보더라도 귀와 눈과 마음이 열려 있다면 다른 사람에게는 보이지 않는 것을 볼 수 있다. 다른 사람이 느끼지 못하는 것도 느낄 수 있게 된다. 사람은 절박해질수록 예민하게 안테나를 세우고 필요한 힌트나 아이디어를 곳곳에서 잡아내게 돼 있다."

주변에 성공한 사람들을 보라. 그들은 항상 '왜', '어떻게'라는 의문을 가지고 다닌다. 현실에 만족하지 않고 당면한 문제에 대해 '왜'라고 묻는다. 해결방법이 떠올라도 더 나은 방법이 있는지 스스로에게 '어떻게'라고 질문한다. 그들이 성공한 이유가 여기에 있다. 답이 나올 때까지 의문을 품고 자문자답하는 습관이 몸에 배어 있어서다.

'왜', '어떻게'라는 질문지를 가지고 다니다 보면 생각지 못한 장소와 생각지 못한 상황에서 해법의 실마리를 찾기도 한다. 어떻게든 답을 찾아내야겠다고 감도가 좋은 안테나를 여기저기에 세우고 있으니, 작은 것에도 반응하는 것이다. 남들이 보지 못하는 것까지 눈에 들어오게 된다.

머리가 좋고 스펙이 뛰어나다고 해도 예민하게 안테나를 세우지 않으면 숨어 있는 힌트를 잡아낼 수 없다. 그리고 바로 그 작은 힌트에서부터 격차가 만들어진다.

그러므로 평소에 의문, 질문을 가지고 사는 것이 중요하다. 그런 사람만이 답을 찾을 수 있다.

우리가 일하는 직장에는 이 순간에도 엄청난 분량의 자료와 정보들이 쌓인다. 이것을 어떻게 쓰느냐에 따라 쓰레기가 될 수도 있고, 황금알을 캐는 보고가 될 수도 있다. 문제의식이 없으면 넘쳐나는 정보나 지식들을 받아들이면서도 어떻게 쓸지 생각하지 못한다. 소화하고 음미하고 지혜나 창의적인 생각을 만들지 못한 채 집어삼키기만 하는 것이다.

노벨문학상을 수상한 윌리엄 예이츠는 "교육이란 양동이에 물을 가득 채우는 작업이 아니라 불을 지피는 일"이라 했다. 풀어서 생각해보면 우리가 정보를 모으고 지식을 얻는 이유도 결국 나 자신에게 불을 붙이고, 불타게 하기 위해서다. 정보와 지식을 쏘시개 삼아 결과를 내겠다는 것이다. 그리고 동료와 부하, 상사에게까지 불이 번지게 해야 한다.

물론 답이 나올 때까지는 상당한 진통을 겪어야 한다. 그러나 모두가 만족할 수 있는 답을 얻을 때까지 고민하고 노력한 것들은 고스란히 자신의 실력으로 남는다. "희망을 잃지 않고 계속하다 보면 자연스럽게 지혜가 나온다. 정신이 집중되면서 많은 아이디어가 생긴다." 경영의 신 마쓰시타 고노스케(松下幸之助)의 말이다. 초기의 고된 노력으로 시행착오도 줄이고 막대한 손실을 방지하고 성공으로 이어질 수 있다는 것이다.

오늘날의 삼성을 키운 강점 중 하나가 바로 '지적 하드워킹'이다. 그들의 회의나 토론을 보면 약간 경직돼 보이기도 하지만, 다 같이 지적 하드워킹을 지향하기 때문에 군더더기 없이 깔끔하게 끝난다. 겉으로만 빙빙 도는 소모적인 논쟁이 아니라 효율적이고 생산적으로 접근하자는 것이다. 그러기 위해서는 각자 답이 나올 때까지 생각하는 습관에 익숙해져야 한다.

이런 삼성의 문화는 고(故) 이병철 회장 때부터 만들어졌다. 경청형 CEO로 알려졌지만 한편으로 그는 모든 안건에 대해 제대로 된 답이 나올 때까지 퇴짜를 놓을 정도로 '치열한 고민(hard think)'을 강조했다. 안시환 전 삼성전자 사장은 어느 인터뷰에서 그때의 문화를 이렇게 회상했다.

"언젠가 신규사업 추진 건에 대해 보고하러 갔다가 10번 넘게 퇴짜를 맞은 적이 있다. 다시 고쳐서 가도 번번이 되돌아 나와야 했다. 그러는 과정에서 곰곰이 다시 생각하게 됐고, 나중에는 문제점이 저절로 보였다. 결국 실패를 줄이면서 일을 제대로 추진할 수 있는 원동력이 됐다."

이 말에서 알 수 있듯이, 성공의 비결은 치열하게 부딪치고, 그 과정을 이겨내는 데 있다. 남의 손을 빌려서가 아니라 스스로의 힘으로 말이다.

하다못해 운전도 직접 해봐야 빨리 는다. 조수석에 앉아서 가던 길을 혼자 가보라고 하면 길눈 밝은 사람도 헤맬 수밖에 없다. 아무리 많이 가고 자주 가는 길도 조수석에서는 한계가 있다. 왜일까? '다음에는 나 혼자 운전해야 한다'는 위기의식, 책임의식, 문제해결 의식이 없기 때문이다. 의식의 차이가 얼마만큼 큰 격차를 낳는지 느낄 수 있는 부분이다. 스스로 운전하겠다는 의식을 가진 사람은 조수석에 앉아서도 메모하고, 사진으로 찍고, 표시도 해놓고, 어떻게든 기억하려 한다.

답이 나올 때까지 생각하는 습관도 같은 이치다. 영어단어도 사전을 펴고 직접 찾아봐야 더 잘 외워진다. 덤으로 연관된 단어까지 알게 된다. 반면 아무 고민도 하지 않고 아는 사람에게 '이게 뭐야?' '어떻게 풀어?'라고 묻기만 하면 기껏해야 단어 하나만 아는 데 그치고 만다.

일도 스스로 찾아보면서 하면 쉽게 해법을 찾지 못하더라도 전에 몰랐던 것들을 다시 익히고, 다른 것들까지 깨우칠 수 있다. 처음부터 '어떻게 할까요?'라고 묻지 않고 치열하게 고민한 후에 도움을 청할 때 힌트도 도움도 진짜 내 것이 되고, 팀플레이도 원활해진다.

그러므로 만약 부하직원이 '어떻게 할까요?'라고 물었을 때 밥상 차려주듯 친절하게 가르쳐주는 것이 능사는 아니다. 적어도 '이렇게 저렇게 해봐도 여기 이 부분이 막힌다. 여기까지는 생각했다. 하지만 그 뒤부터는 도저히 길이 안 보인다'며 치열하게 생각한 결과물을 가지고 와서 묻게 해야 한다. 상사는 그것을 충분히 듣고 나서 힌트를 주면 된다. 직원은 스스로 고민했던 것인 만큼 하나를 일러주면 열을 알게 된다. 직원은 이렇게 키우는 것이 맞다.

처음부터 해법을 묻는 직원은 성장할 수 없다. 또한 친절하게 가르쳐준다는 것이 자칫 참신한 아이디어의 싹을 자르고, 젊은 능력을 무디게 하는 것이 될 수 있다.

《일본전산 이야기》에 나오는 '즉시 한다, 반드시 한다, 될 때까지 한다'를 접한 많은 CEO들은 '이것이야말로 우리의 창업정신이었다'고 말한다. 그런 정신으로 기업을 키우고, 까마득해 보였던 선진기업들을 이길 수 있었다고 한다. 지금 우리에게는 그때와 같은 열정이 필요하다. 될 때까지 하는 끝장정신 말이다.

쇄빙선 같은
인재가
되어라

　그동안 장수기업들의 위대한 기업가들을 연구하면서 그들의 치열
함에 숙연한 감동을 느낀 적이 많았다. 그들에게서 얻은 교훈을 단
순하게 정리하면 '대의를 품고 그 꿈을 향해 고꾸라질 때까지 가는
것'이다. 이들은 삶을 다할 때까지 자신이 선택한 길만 보고 비장한
각오로 갔다. 비단 CEO가 아니더라도 일반 직장인들 또한 이들에게
서 자신이 맡은 일에 대해서는 끝까지 책임지고 완수하는 정신을 배
울 수 있다.

　그러나 세상사가 정신론으로 무장한다고 저절로 풀리는 것은 아
니다. 적극적으로 일을 맡고, 남들이 두려워하는 것까지 책임지는 행
동이 따라야 한다. 한 차원 높아지기 위한 시도에는 난관도 많다. 남

들도 나들 얻고 싶어 하는 좋은 결과란, 남들은 하지 못한 더 힘든 것을 해내야 얻을 수 있는 법이다. 실패나 시행착오에서 오는 위기, 갈등, 중상모략, 공격, 배신도 이겨내야 함은 물론, 손실까지도 만회하는 자세가 필수다.

그런 의미에서 볼 때 인재는 '만들어지는' 것이다. 비즈니스 정글에서는 아는 것이 많다 해서 인재로 인정해주지 않는다. 회사의 문법에서 볼 때 인재란 '리스크를 감수할 수 있는 사람'이기 때문이다. 인재란 수많은 도전과 시행착오와 경험으로 키워진다.

똑똑하다고 소문내면서 들어온 사람이 '상황이 이런데 어떻게 해야 하냐'며 매번 결정을 떠넘기는 경우가 있다. 걸핏하면 남에게 의지하려는 사람이다. 그러나 남에게 의지하면 할수록 생각하는 힘은 쇠퇴한다. 그런 사람이 크게 성장하리라고 누가 기대하겠는가.

이런 일은 업무현장에서 비일비재하게 일어난다. 일례로 나름대로 시간을 투자해 준비한 제안서 내용이 상사의 생각과 다를 때가 있다. 현명한 직원이라면 서로 의견을 나눠 최상의 대안을 찾아가겠지만, 그동안 들인 노력이 아까워서 자기 생각이 맞다는 주장을 굽히지 않는 이들도 있다. 그래서 결국 '그러면 자네가 알아서 잘해보라'는 말과 함께 승인을 받아낸다. 반대로 '알겠습니다' 하고 상사가 시키는 대로 무조건 고치는 사람들도 많다.

그런데 결과가 좋지 않았다고 해보자. 이 상황에서 직원의 반응은 대개 어떤가? 시킨 대로 수정한 직원은 '그것 봐. 제대로 알지도 못하면서 괜히 나서더니' 하며 상사를 원망할 것이다.

그렇다면 자기 의견을 관철시킨 직원은 본인의 잘못을 시인하고 반성할까? 안타깝게도 그런 이들은 많지 않다. 오히려 '부장님이 보시고 사인해주셨잖습니까. 문제가 있다고 생각하셨으면 강력하게 말리셨어야죠'라며 책임을 전가하기 일쑤다.

오해는 마시라. 내가 지금 관리자 입장에서 색안경을 끼고 직원들을 나쁘게만 보는 게 아니다. 생각 없이 리더의 의견을 무조건 따르는 사람, 남의 의견을 취합해 더 발전적인 대안을 내려 하지 않는 사람에게는 책임지는 습관이 없다는 것을 말할 따름이다. 이들은 결과가 잘못되면 남 탓부터 하고 본다. 지식은 있지만 애초에 책임지기 싫어서 생각을 하지 않는 경우도 많다.

생각도 없고, 반성도 하지 않고, 책임도 지지 않는 사람에게 중요한 일을 맡길 수 있을까? 어떤 상사든 그런 직원에게는 문제가 일어나지 않는 빤하고 단순한 일만 찾아서 시킬 것이다. 고민하고 생각해야 할 일은 '저 친구에게 시키느니 차라리 내가 하고 말지'라며 힘들더라도 상사 자신이 처리할 것이다. 그 밑에서 직원은 앞으로 계속 간단한 심부름만 하게 된다. 남에게 기대는 버릇은 평생 스스로를 아마추어에 머물게 한다.

형편이 좋을 때는 아마추어라도 심부름이나마 하면서 버틸 수 있다. 하지만 호황과 불황은 돌고 돈다. 호황 때는 다들 먹고살 만하고 능력 차이도 크게 도드라지지 않는다. 하지만 불황에서는 그렇지 않다. 불황이 무서운 이유는 진정한 강자 외에는 다 도태시키기 때문이다. 호황 때는 어느 기업이 강한지 약한지 잘 드러나지 않다가, 불황으로 위기가 닥치면 그때 진정한 실력 차이가 난다.

불황에는 쏠림도 있고 기복이 심해지기 때문에 작은 실수로도 치명상을 입을 수 있다. 쓸 돈이 줄어드니 소비자의 눈매는 그 어느 때보다 날카로워진다. 아무거나 구매하지 않고 이것저것 꼼꼼하게 따지며 똑똑한 구매를 한다. 호황 때는 '그럴 수도 있지'라며 대수롭지 않게 여기던 사람들이, 주머니 사정이 좋지 않을 때는 작은 결함에도 '용납할 수 없다'며 냉정하게 반응한다. 기업이 불황에 강해야 하는 이유가 여기에 있다. 불황은 그 기업의 역량을 보여주는 바로미터이기 때문이다.

사람도 마찬가지다. 위기 때 진정한 능력 차이가 드러난다. 겉모습만 똑똑한 인재는 위기 때 버텨내지 못하고 지레 포기하고 달아나는 반면, 위기에 강한 인재들은 방법을 찾아 살아남는다. 따라서 인재는 위기에 강해야 한다. 불황과 위기를 극복해내는 것은 결국 사람이다.

사람이 제대로 크는 시점은 모든 것이 잘 풀릴 때나 풍족할 때가 아니라 시련을 겪고 역경과 싸울 때다. 역경이 닥쳤을 때 진정한 우정이 빛을 발하는 것처럼, 리더들은 '위기 때 누가 우리 사람인지 알 수 있다'고 입을 모은다. 순풍이 불어 일이 잘되고 잘 풀릴 때는 사람들이 몰려들었다가, 역풍이 불면 힘들다며 어중간한 사람들부터 떠난다. 순풍은 친구를 만들고, 역풍은 친구를 시험하게 하는 셈. 그런 면에서 직장은 호황과 불황을 오가며 각 개인을 성장시키는 '인간 성장의 장(場)'이기도 하다.

불황과 위기에 강한 인재는 내면에 불덩어리 같은 열정을 가진 사람이다. 매출이 줄면 이들은 허리띠를 졸라매고 버텨낸다. 돈이 없으면 돈 들이지 않고 잘하는 방법을 찾아 해결한다. 남들보다 먼저 출근하고, 남들보다 먼저 찾아가고, 남들보다 늦게까지 매달려서 어떻게든 위기국면을 풀어나간다.

거대한 유람선도 북극해를 지날 때는 빙하에서 떨어져 나온 유빙들을 제거하고 길을 터줄 쇄빙선이 있어야 한다. 아무리 혹한이라 해도 쇄빙선이 제대로 가동된다면 길은 열리게 돼 있다. 쇄빙선은 위기와 난관에 부딪혔을 때 가장 먼저 나서서 온몸으로 위기를 짊어지는 인재와 같다. 화려한 스펙을 가진 사람들이 호화 유람선에서만 맴돌 때에도 그들은 아랑곳하지 않고 쇄빙선이 되어 조직의 길을 터준다.

쇄빙선 같은 인재들은 스스로 의사결정에 참여하고, 자신이 하기로 한 내용을 끝까지 책임진다. 성장하는 기업에는 어김없이 '쇄빙선 인재들'이 있다. 대기업으로 성장한 기업의 임원 워크숍에 가보면 한 명 한 명이 쇄빙선 인재들임을 느끼곤 한다. 그들이 있었기 때문에 대기업 대열에 오른 것이지, 대기업이기 때문에 그런 인재가 있는 것은 결코 아니다.

작은 것까지 리더에게 묻고 결정을 미루면 본인이 성장할 기회를 영영 만들지 못한다. 예컨대 전장에서 적이 눈앞에 나타났다면 어떻게 대응해야 할까. 미리 충분히 준비한 이들은 각자 맡은 책임 영역을 지키며 조직적으로 움직여 적을 무찌르겠지만, 그렇지 않은 팀은 적을 만나는 순간부터 오합지졸이 된다. 할 때마다 묻고, 지시받은 것만 하려고 한다.

'적들이 나타났습니다. 공격할까요?'

'대포로 쏠까요, 소총으로 쏠까요?'

'어디를 보고 쏴야 하나요?'

이렇게 묻고 있다가는 총 맞아 다 죽고 만다.

리더가 직원들에게 일일이 모든 것을 지적하고 지시할 수는 없다. 전체적인 방향이나 큰 골격만 전달한 다음에는, 세세한 사항은 현장을 가장 잘 아는 담당자들이 스스로 해내야 한다.

그런 마음가짐이 없으면 개선해야 할 것이 있는 줄 알면서도 그냥 지나치게 된다. 더 알아야 할 것도 모르는 체하고, 질문 받은 것에 대해서만 대답한다. 적군의 동태에 변화가 있는데도 지시받은 대로 대응하면 된다고 생각한다. 미리 준비하는 것은 낭비라고 여긴다. 때가 되면 적절한 지시가 내려질 텐데 뭣 하러 먼저 준비하느냐는 식이다.

착각이다. 이렇게 생각하는 사람은 일이 무엇인지에 대해 본질적인 질문을 던져봐야 한다. 일이란 시켜서 하는 것이 아니라, 찾아서 하는 것이다. 일은 주어진 것, 지시받은 것을 그대로 하는 것이 결코 아니다. 그런 일은 누구나 할 수 있다. 일이 주어졌으면 문제를 찾아내 새로운 방법을 궁리해 해결해야 한다. 이 모든 프로세스가 바로 우리에게 주어진 '일'이다.

그래서 조직에는 일을 도전적으로 추진해갈 쇄빙선 같은 인재가 필요하다. 크고 작은 위기를 수습해본 쇄빙선 같은 인재들은 똑똑한 사람들의 두뇌를 모을 줄 알고, 사람들이 기꺼이 참여하도록 이끌 줄도 안다. 그런 상황을 능동적으로 경험해온 사람들은 남들이 어려워하는 복잡한 문제도 상대적으로 간단하게 해결하는 능력을 가지고 있다. 무엇보다도 문제를 해결했을 때의 정신적 보상이 어마어마하다는 것을 많은 경험을 통해 알고 있다. 그들의 추진력이 남다른 이유이기도 하다.

기업은 불황에 강해야 하고, 인재는 위기에 강해야 한다. 위기에 몸 사리고 소나기가 지나가기를 얌전히 기다려서는 아무것도 해결되지 않는다. 위기에 담대하게 뛰어들고 흔들리지 말고 나아가라. 쇄빙선처럼 말이다.

피터 드러커는 "프로는 연령, 경력, 직책 등과는 관계없다. 성과와 목표달성 공헌에 책임지고 임하는 사람이 프로다"라고 강조했다. 리더가 아닌 신입사원일지라도 조직의 성과와 공헌에 대한 책임의식을 지고 앞서 실천해나가는 사람이 '프로'다. 끝장정신을 놓지 않고 앞서서 얼음을 깨는 자세가 바로 프로의 자세다.

한계에
도전하는 것이
진짜 일이다

우리는 항상 부족하다. 일을 해보려고 해도 시간, 돈, 사람, 정보나 자원이 달린다. 대기업은 상대적으로 사정이 좀 낫지만, 그래도 자원을 아낌없이 쓰면서 속 편하게 일할 수 있는 경우는 없다. 때로는 부족한 자원 때문에 애써 들인 노력이 물거품이 되거나, 아예 시도조차 못하기도 한다. 그때마다 사람들은 회사의 야박함과 현실을 탓하며 푸념한다. 부족한 부분을 원망하며 '이것만 있었어도 할 수 있었는데!'라고 땅이 꺼지도록 한숨을 쉰다.

하지만 똑같은 상황에서도 다르게 반응하는 이들이 있다. 한마디로 '그렇기 때문에 불가능하다'고 말하는 사람이 있고, '그럼에도 기어코 해내자'는 사람이 있다. 전자는 상황을 탓하며 현실에 주저앉는 반면, 후자는 한계를 깨고 앞으로 나아간다. 비즈니스 정글에서는 후자와 같은 강한 인재, 강한 조직만이 극한의 문제들을 풀어내고 위기를 극복하며 살아남는다.

생각해보면 일의 속성 자체가 그렇다. 만약 사람, 시간, 돈, 정보가 넉넉한 상태라면 그건 조직이 과투자 낭비를 하는 것이다. 남아도는 자원을 필요한 데 쓰지 않고 흘려보내는 것이니, 장기적으로 볼 때 스스로 적자를 만드는 행위다. 아무리 큰 기업도 자원이 부족하다고 느끼는 상태에서 그 조건을 극복함으로써 이익을 낸다. 그것이 곧 '일'이라 보는 것이다.

실제로 장수하는 기업들을 보면 대부분 절약형이다. 기술개발이나 인재양성과 같은 미래를 위한 투자에는 자원을 아끼지 않지만, 낭비는 철저히 경계한다. 기업 내부의 상황이 좋든 나쁘든 '투자 대비 최고의 성과'라는 도전과제에 몰두하고 극한에 도전한다는 의미다.

1970년대부터 〈장학퀴즈〉 후원으로 유명했던 SK의 성장도 한계에 도전하는 기업문화가 있었기 때문에 가능했다. SK는 국내 다른 기업들보다 앞서 선진 기업문화를 목표로 끊임없이 경영 시스템을 개선해왔다. 그 핵심에는 수펙스(SUPEX, Super Excellent)가 있다. 수펙스는 '인간의 능력으로 도달할 수 있는 최고의 수준'에 도전하자는 슬로건이다. 여기에는 '한계에 도전할 수 있는 강한 인재를 양성해야 세계 일류기업으로 도약할 수 있다'는 선대 경영자의 비전경영이

담겨 있다. 워크숍을 진행하면서 만난 한 SK 임원은 "내가 임원에 오를 수 있었던 것은 수펙스를 추구하고, 누구에게나 기회를 주는 기업문화 덕분이었다"고 고백했다. 수펙스 목표를 추구하는 기업문화가 인재를 성장시켰고, 직물사업으로 출발한 SK는 각 분야에서 글로벌 기업으로 발돋움했다.

강한 조직을 만들려면 한계에 기꺼이 부딪쳐 이겨내는 강한 인재로 조직을 채워야 한다. 기록은 언제든 깨지게 돼 있다. 스포츠든 시장이든 마찬가지다. 나는 기존에 성공했던 방식대로 계속 성공하고 싶지만 고객은 항상 새로운 것을 원하고, 새로운 상품을 제공하는 경쟁자는 언제나 있다. 개인과 조직의 생존을 위해서는 항상 어제를 뛰어넘는 도전이 필요하다. 다양한 가능성을 열어두고 이 방법이 통하지 않으면 저 방법으로 해보자는 근성 말이다.

편안할 때 위기를 훈련하라

더욱이 한계는 내부에만 있는 것이 아니라 외부에서도 온다. 우리가 흔히 말하는 '위기'는 그 자체가 거대한 한계요인이다. IMF 외환위기를 겪어본 우리는 그 여파가 얼마나 어마어마한지 잘 알고 있다. 우리나라가 위기에서 벗어나나 싶으면 다른 국가에서 유사한 상황이 재현돼 우리를 긴장시킨다.

이런 위기는 규모가 워낙 크기 때문에 개별 조직이나 개인이 근본적으로 막는다는 것은 불가능하다. 그러나 우리 잘못이 아니라고, 어쩔 수 없는 환경 탓이라고 손 놓고 있다가 앉아서 당할 수는 없는 노릇 아닌가. 게다가 예전에는 '대마불사'다, '국민기업'이다 해서 큰 기업이 위태로워지면 정부가 보호해주고 국민들이 돌반지를 모아서라도 살려주었는데, 이제는 그런 요행수를 바랄 수 없는 세상이 되었다. 기업을 바라보는 국민들의 시선 자체가 냉정해졌기 때문에 이제는 스스로 살 길을 마련해야 한다. 아니, 도리어 지역사회나 국가를 지탱해줄 기둥이 돼야 할 입장이다.

잘잘못을 따지기 전에, 밖에서 누군가가 해결해주기를 기다리기 전에, 조직에 닥쳐온 한계를 극복하기 위한 해결책을 마련해야 한다. 일체감으로 고통을 분담하고 필요하면 다른 기업들과도 연계해 강점을 살리고 약점을 보완하며 살아남아야 한다. 우리가 아는 장수기업들은 모두 악재가 한꺼번에 몰아치는 최악의 상황에서도 살아남은 강한 기업이다.

그렇다면 우리는 어떤 노력을 해야 할까? 거안사위(居安思危), 편안할 때 위기를 생각하는 지혜를 빌리자. 진짜 위험이 닥치기 전에, 인위적으로 위기상황을 가정해 대응전략을 만들어두어야 한다. 민방위 훈련하듯 대비훈련을 하는 것도 방법일 것이다. 올림픽 7연패의 위업을 달성한 한국 여자양궁 선수들은 평소에 경기장의 온갖 소음,

날씨, 경기 시각 등 실전에서 생길 수 있는 모든 경우의 수를 염두에 두고 훈련하며 실전에 대비한다. 한밤중에 묘지를 다녀오고, 폐교에서 공포체험을 하고, 담력을 키우기 위해 뱀을 목에 두르고 활을 쏠 정도다. 그런 노력이 있었기에 경쟁국가 응원석에서 북을 치며 방해공작을 펼쳐도 담담하게 시위를 당길 수 있었다. 방해 때문에 졌다고 변명하는 대신 방해를 뚫고 이기는 정면돌파법을 연마한 결과다.

기업들도 같은 맥락의 훈련을 할 수 있다. 예컨대 대규모 리콜사태에 대한 대응책을 마련할 수도 있고, 글로벌 경제위기, 환율 급등, 관련 법규 변동과 같이 기업 차원에서 통제하기 어려운 외부 리스크 요인에 대비할 수도 있을 것이다. 가격 압박, 신기술 개발, 업무처리 속도의 가속화 등 현재의 흐름을 감안하여 예측 가능한 변화에 미리 대응하는 것은 물론이다.

평소에 쉼 없이 한계에 도전하는 강한 기업풍토는 위기에 진가를 발휘한다. 그 좋은 예가 일본전산의 최근 사례다. 세계적 불황에도 일본전산은 독특한 아이디어와 전사적인 협력으로 상상을 뛰어넘는 성과를 냈다. 일본의 글로벌 기업들이 하나같이 모두 유례없는 적자를 내는 가운데 올린 성과라 더욱 주목을 받았다.

일본전산에는 창업 이래 '적자불가'라는 원칙이 고수되고 있다. 2008년 미국발 금융위기가 터지자 일본전산의 분기 매출이 절반으로 줄었다. 다행히 전 구성원이 '적자불가' 원칙 하에 노력한 끝에 해당 분기의 적자는 모면했다. 그러나 담당자는 '이대로라면 다음 분기부터 매달 1,000억 원 이상의 적자를 낸다'고 예상했다. 연 단위로 환산하면 1조 5,000억 원 규모였다. 일시적인 불황이 아니라 최악의 경우 3년 정도 지속될 수 있다는 분석도 덧붙였다.

나가모리 사장과 임원들은 '수십 년간 키워온 사업이 이러다가 무너질지도 모른다'는 위기감에 밤잠을 설쳤다. 직원들이 거리로 쫓겨날지도 모른다는 생각에 정신을 바로잡고 방법을 찾아 나섰다.

당시의 솔직한 심정을 나가모리 사장은 이렇게 말했다.

"피를 말리는 고뇌의 연속이었다. 새해가 밝아도 기분이 나지 않았다. 그렇게 피 말리는 시간은 내 생애 처음이었다. 평생 잊지 못할 연말연시였다."

궁리 끝에 생각해낸 방안이 1930년대 세계적인 대공황 때 GE를 비롯한 생존기업들이 어떻게 극복했는지 자료를 토대로 철저히 연구하는 것이었다.

"100년에 한 번 올까 말까 하는 금융위기입니다. 이번에는 인적구조조정이라는 결단을 내려야 합니다."

어느 임원의 의견이었다. 구조조정이라니, 30개 가까운 적자기업을 M&A할 때도 없었던 일이었다. 창업 이후 월급이 늦어진 적조차 없었건만.

나가모리 사장은 주말 내내 고민한 끝에 월요일에 이렇게 말했다.

"결정했다. 하늘이 무너져도 고용유지는 끝까지 지킨다. 여러분도 회사가 날아간다고 생각하면 무슨 일이든 못할 게 없을 것이다."

나가모리 사장은 어떤 경우에도 인적 구조조정은 하지 않겠다고 선언했다. 대신 자신과 임원들부터 월급을 깎자고 제안하고 본인의 급여를 30% 반납했다. 본사에 근무하는 2,000여 명을 포함해 1만 명 가까운 임직원들은 3~5%까지 임금삭감을 하기로 했다. (나중에 언급하겠지만 엄밀히 말하면 삭감이 아니라 내부 적립이었다.)

얼마 후 사내에 CEO가 참여하는 프로젝트팀이 결성돼 긴급 대책을 만들기 시작했다. 프로젝트팀은 임직원들의 의견을 묻고, 앞으로 일어날 수 있는 모든 경우의 수를 따지며 논의를 거듭했다.

그렇게 산통을 겪으면서 만들어진 일본전산의 불황극복 방안은 'WPR'이었다. WPR은 'double profit ratio', 즉 이익률 배가를 뜻한다. 이 부분에서 나가모리 사장의 독특한 생각을 엿볼 수 있다. 고용 유지, 즉 같이 고생하는 동료를 지키기 위해 '매출이 반감해도 흑자를 낼 수 있는 건강 체질의 조직'을 만들자는 전략이다. 매출이 최고 수준으로 다시 오르면 그때보다 2배의 이익률을 달성하겠다는 목표다.

일본전산은 2009년 연초부터 전사적으로 WPR을 시작했다. 담당 팀은 이 프로젝트에 관해 특허도 냈다.

이를 위해 전사적으로 비용을 절감하고 생산성을 높이는 아이디어를 모집했다.

"1원이라도 효과를 볼 수 있는 비용절감 아이디어가 있으면 제안해달라."

프로젝트 추진팀은 사내 온라인과 오프라인을 통해 대대적으로 알렸다. 전사적으로 5만 건 이상의 제안이 올라왔고, 올라온 제안은 계속해서 실행으로 옮겼다. 몇 가지 예를 들어보면 다음과 같다.

설계단계부터 제품생산까지 규정을 바꾸고 표준화를 철저히 개선해서 70%를 공통화하면서 경비를 절감했다. 각종 모터 금형 내제화율을 100%로 올렸다. 팬모터사업부는 절차를 간소화하고 통일규정을 만들어 업무효율을 50% 이상 상승시켰다. 태국 공장은 제조공정을 재편하고 집약하면서 생산효율을 획기적으로 높였다. 전기요금이 상대적으로 높은 저녁 조업은 중지했다. 휘발유 차량을 저렴한 가스차로 바꾼 공장도 있었다. 잔업, 회의 진행, 재고관리 기준, 전 분야 업무를 철저하게 재검토하면서 개선했다.

결과는 바로 나타났다. 적자가 예상됐던 2009년 1분기는 130억 원의 흑자, 2분기도 흑자를 냈다. 프로젝트팀마저 놀랄 정도였다. 비약적인 수익률 개선이 눈에 보이자 하반기가 시작될 시점에서 나가모리 사장도 결단을 내렸다.

"회사에 유보해둔 임직원들의 월급 삭감분을 이자를 쳐서 모두 돌려줘도 될 시점이다."

전사적인 위기의식 공유를 위해 제안한 '월급삭감 적립금'을 이자까지 계산해서 받은 임직원들의 감회는 남달랐다. '우리 힘으로 해냈다'는 쾌거는 금전적 보상을 뛰어넘는 정신적 보상임이 틀림없다.

훗날 나가모리 사장은 그때의 분위기를 내게 이렇게 전해줬다.

"우리는 뜨겁게 일하고 '힘든 일은 빨리 시작해서 빨리 끝내자'는 주의다. 나도 직원들과 이야기하는 것을 좋아하지만, 평소 간부들이 나서서 소통을 잘하기 때문에 어려운 일이 생기면 다들 합심해서 빨리 끝내자고 한다. 월급과 보너스를 줄이고, 수만 건의 제안이 올라온 데서 알 수 있듯 다들 필사적으로 WPR 운동에 참여했다. 비용을 줄이고 아이디어를 쥐어짜면서 결국 6개월 만에 놀란 만한 성과를 냈다. 만약을 대비해 비축해둔 월급과 보너스를 다시 돌려주는 간담회 때 '이건 정말 노벨경제학상감'이라고 했더니 직원들이 환호성을 질렀다."

결국 일본전산은 2010년 3월 결산에서 한화로 1조 원이 넘는 역대 최고수익을 냈다. 매출은 전년대비 96%에 그쳤지만, 영업이익은 전년대비 151%로 상승했다. 영업이익률 또한 이전 8%대에서 2년 연속 14%대를 달성했다. 세계적 불황으로 이어진 2012년 3월 결산에서도 11% 가까운 이익률을 달성했다. 체질개선의 결과였다.

일본전산은 맨손으로 시작해 세계적인 규모로 성장한 기업이다. 회사와 직원 간의 신뢰를 바탕으로 하나 된 힘으로 극한에 도전하면서 숱한 위기와 시련을 이겨낸 그들이었기에 급여 삭감을 감수하고, 자발적이고 적극적인 제안활동으로 회사를 살리고 자신을 살릴 수 있었을 것이다.

기업마다 목숨같이 지켜야 할 것들이 있다. 예컨대 '적자를 내지 않는다'는 비단 일본전산만의 가치가 아니다. 그런데 어떤 기업은 극한의 위기에서도 흑자를 유지하는 반면, 어떤 기업은 위협요인이 별로 없는데도 툭하면 적자를 낸다. 그 차이는 무엇일까?

적자기업들을 들여다보면 특징이 있다. 그들은 비록 매출이 높아도 비용관리 면에서 적자가 날 수밖에 없는 패턴을 보인다. 한도 내에서 쓰고 한도 내에서 과제를 해결해내는 힘이 없다. 또한 위기가 왔을 때 일시에 지출을 줄이거나 긴축재정을 운영해본 경험이 없다. 돈이 흔하면 흥청망청 돈잔치를 하느라 바쁘다가, 사정이 어려워지면 '극복 불가능'을 먼저 이야기하고 그것이 조직 전체를 지배하게 놓아둔다.

구성원들의 일터를 지키고 인생을 지키기 위해서는 '적자불가' 원칙이 불가결하다. 적자를 계속해서 내게 되면 악순환으로 빠져들고 힘은 몇 배로 든다. 그래서 항상 '적자불가', '비용절감과 낭비 제로', '이익률 배가' 등의 전사적인 재정목표를 가지고 한계에 도전하는 프로그램이 있어야 한다. 일반적으로 재정 리스크 관리는 소수 경영진의 몫이라 할지라도 전사적 재정목표가 정해지면 전체의 운명을 좌우하는 막중한 사항으로 새롭게 인식할 수 있게 된다. 전사적인 의지가 절실해지고, 실제 재정위기 상황이 닥쳐도 극한의 절약모드로 전환해 최대의 성과를 내는 역동적인 조직이 될 수 있다.

물론 결코 쉬운 일은 아니다. 일례로 '리스크 관리의 귀재'로 손꼽혀온 JP모건조차 2012년 들어 6주 만에 20억 달러의 투자손실을 기록했다. 채권투자의 위험을 회피하기 위해 파생상품에 투자했다가 오히려 손실을 키운 것이다. '항상 최악의 상황을 가정하고 그런 상황에서도 반드시 살아남을 대비를 한다'는 평소의 회사 원칙을 떠올리면 어처구니없는 결과가 아닐 수 없다. 이처럼 위기를 극복하는 것에도, 위기를 미연에 방지하는 것에도 리스크는 존재한다. 위험을 피하려다 위험에 빠져드는 자충수를 두지 않기 위해서는 냉철한 상황판단과 스스로를 돌아보는 성찰능력이 반드시 있어야 한다. 나아가 평소에도 인위적으로 한계를 설정해 도전하는 노력이 필요하다.

평소에 한계에 도전하는 '훈련'이 돼 있으면 어떤 일이 일어나도 공황상태에 빠지지 않고 평정심으로 대처할 수 있다. 그런 훈련이 위기에서는 곧 실력이 된다. 평소 최악의 상황을 상정해두는 습관이 그것을 가능케 한다. 자발적으로 위기를 가정하고 한계를 설정해 도전해본 조직은 위기가 왔을 때 '아직 최악의 고비는 오지 않았다'는 각오로 현실에 임할 수 있다.

인위적인 한계를 설정해 도전하는 것은 사점(死點)을 이겨내고 마라톤을 완주할 수 있는 몸을 만드는 것과 같다. 달리기를 하면 체내에 산소가 극도로 부족해지는 시점이 오는데, 이때를 극복하면 그다음부터는 오히려 힘이 덜 들고 달리는 속도도 붙는다. 반면 죽음과 같은 고통이 왔을 때 이겨내는 몸을 만들지 못하면 다음번에 달려야 할 때도 그 '마의 구간'에서 그만두게 된다. 영원히 마라톤을 완주할 수 없게 된다는 말이다.

모든 일이 마찬가지다. 산을 오를 때도 '깔딱고개'를 넘어야 성상에 오를 수 있고, 일을 할 때도 가장 어려운 구간(crux zone)을 지나야 남다른 결과를 낼 수 있다. 이는 어제의 한계에 도전해 새로운 나를 만드는 것과 같다. 그러나 대부분의 조직과 사람들은 기존에 해오던 방식에 익숙해 있기 때문에 그 지점에서 한계나 불가항력을 느끼고 습관적으로 '이 정도로 하자', '이 정도면 됐다'고 타협한다. 정상 등정을 눈앞에 두고 돌아서는 것과 같다. 지금껏 달려온 길이 아깝지도 않은가. 현재의 판세를 바꾸고, 시장의 판도를 바꾸겠다는 생각을 가지고 비장한 각오로 임하지 않으면 혁신은 없다. 남들이 하지 않은 것, 남들이 못하는 것, 남들이 못하겠다고 하는 것을 해내기 위해서는 팀으로 한계를 뛰어넘는 연습을 게을리하지 말아야 한다.

혼다는 오토바이로 히트를 친 후 정부의 반대에도 우여곡절 끝에 자동차 시장 진출에 성공했다. 그 후 다시 경쟁력 있는 자동차를 개발해 미국시장을 공략했다. 그러나 혼다는 미국인들에게 그럭저럭 잔고장 없는 쓸 만한 차일 뿐, '최고의 차'로 인정받지는 못했다.

혼다의 시빅이나 어코드의 매출이 괜찮았기 때문에 그 정도 수준에서 만족할 수도 있었을 것이다. 그러나 그들은 현실에 안주하는 대신 1990년대 중반 다시 F1에 출전하기로 했다. 현존하는 기술을 극한까지 활용해서 실력을 겨루는 자동차 경주에 참가함으로써 한계에 도전하는 기업문화를 다시 살리자는 취지였다. 혼다는 과거에 엔진을 공급해 F1에서 성과를 낸 바 있지만, 그 당시 기술력으로 F1에서 우승하는 것은 불가능해 보였다. 그러나 그들은 레이싱 대회에 어울리는 긴박감과 팀워크를 조직에 도입해 체질을 바꿔가기 시작했고 다시 최고의 엔진을 만들어냈다. 그리고 마침내 F1에서 네 차례 우승하며 세상을 놀라게 했다. 다시 최고의 레이싱을 보증하는 최고의 자동차 브랜드가 되었음은 물론이다.

이처럼 앞서가는 조직, 앞서가는 인재는 위기에 대응하는 수준을 넘어 위기에 관계없이 스스로 한계를 극복하려는 노력을 멈추지 않는다. 자동차의 F1처럼, 기업에서도 극한에 도전하는 프로그램을 내부에 운영하면 절대적인 경쟁력을 키울 수 있을 것이다. 예컨대 다음과 같은 시도를 해보는 것은 어떤가?

- 의사결정과 전사적인 업무스피드 배가운동
- 1년 안에 개발능력 2배, 품질 2배, 개발기간과 비용은 절반으로 개선하기
- (1등 기업일 경우) 2등과의 시장점유율 격차를 2배로 늘리기
- 최소 비용으로 완전 판매 달성하기
- 원자재 가격이 2배 올랐다고 가정하고 이익률 유지하기
- 품질을 희생시키지 않고 납품원가를 반으로 줄이기
- 전기료, 수도광열비 등 관리비용 절반으로 줄이기

말도 안 되는 무리한 요구라고 생각할지도 모르겠지만, 현재 '최고'라 일컬어지는 기업에서 실제로 했던 시도들이다. 일본전산에서는 고객을 만나러 가는 영업팀에 '가장 어려운 주문을 따오라'고 요구한다. 삼성전자는 '1등을 유지하려면 적어도 2등과 한 바퀴 차이는 나야 한다'고 강조한다.

한계를 뛰어넘기 위한 도전은 우리 몸에 경험으로 새겨지고 머릿속에 콘텐츠로 축적된다. 내부적으로는 역사가 된다. 참여한 사람들도 기록으로 남는다. 한계에 도전하고 극한 상황을 이겨내본 사람들은 다른 이들이 포기할 만한 상황에서도 웬만해서는 돌아서지 않고 끝까지 이겨낸다. 극한의 경험으로 콘텐츠가 풍부해지고 지혜를 내는 체질로 변했기 때문이다.

혼자만으로는 달성하기 어려울지 몰라도 팀으로 하면 놀랄 만한 성과를 낼 수 있다. 전사적으로 극한에 도전하겠다고 결심한다면 힘을 내는 방법은 어떻게든 찾을 수 있다. 모두가 주목하고 관심을 가지고 있기 때문이다. 그러니 한계에 도전하고 풀어내는 강한 인재, 강한 조직이 되자.

제대로 된 해법이
나올 때까지
기꺼이 싸워라

실력이 충분하고 고생도 남들 못지않게 하는데 결과물이 미흡한 이들이 있다. 동료들과 원만한 관계를 유지하는데 막상 협업이 필요할 때 협조를 끌어내지 못하는 이들도 있다. 무엇이 문제일까?

여러 가지 이유가 있겠지만, 어느 대기업 임원이 한 말에서 힌트를 얻을 수 있다. 그는 개발부서 담당자들이 똑같이 고생하면서도 만족할 만한 실적을 올리지 못한다며 안타까워했다.

"그 친구들, 고생은 고생대로 하는데 정작 완성도가 떨어진다. 지금 문제되고 있는 것들에 대해 조금만 더 치열하게 논쟁을 벌였으면 개발단계에서 이미 해결됐을 것이다. 문제가 될 만한 것들을 어떻게 해결하면 좋을지 인내심을 갖고 고민했으면 좋으련만, 중간에 적당히 타협하듯 마무리하곤 하니 될 일도 안 되는 것 아닌가. 물고 늘어지기도 하고, 논쟁을 즐기며 깊이 파고드는 근성이 부족한 듯해서 아쉽다."

한마디로 해법을 만들어낼 때까지 논쟁을 벌일 줄 모른다는 것이다. 능력도 있고 성실한데 실적이 떨어지는 직원들을 보면 십중팔구 소위 '싸우기 싫다'는 사람들이다. 이들은 일이 잘되기 위해 꼭 필요한 논쟁조차 '싸움'이라 생각하고 회피한다. 쓸데없이 부대끼며 스트레스 받을 필요가 있느냐며 '좋은 게 좋은 거지' 하고 적당히 타협해버린다.

제대로 된 해법을 만들어내려면 논쟁을 벌일 줄 아는 문화, 개개인이 논쟁을 피하지 않는 문화가 있어야 한다. 흔히 논쟁이라 하면 자기 생각, 자기주장을 관철시키려 고집스럽게 주장하는 모습을 연상한다. 위아래도 없이 얼굴 붉히고 감정 상해가며 언쟁하는 장면을 떠올리면서 '아, 난 논쟁은 싫어' 하고 한발 빼는 사람들이 적지 않다. 그러나 논쟁의 종착역은 어느 한쪽이 백기항복하는 것이 아니다. 상대방의 포기를 받아내는 것도 아니다. 동료나 주위 사람들이 납득할 수 있는 해법을 도출하는 것이다.

내가 만난 경영자들은 하나같이 무조건 논쟁을 피하고 보자는 조직문화에 대해 위기의식을 느끼고 있었다. 그들은 '제대로 논쟁을 즐길 줄 아는 직원'이 결국 일을 해낸다고 입을 모았다.

"논쟁이 두려워서 나서는 사람이 없을 때, 실력이 충분한데도 걸핏하면 움츠러드는 직원들을 볼 때가 가장 안타깝다."

이런 사람들에게 세상에 없던 것을 만들어내는 이단자의 모습을 기대할 수 있을까? 이런 사람들이 조직에 신선할 활력을 불어넣어 줄 만한 작은 변화라도 이끌어낼 수 있을까?

논쟁의 수준을 높여야 일의 수준이 올라간다

일의 완성도를 높이기 위해서는 집단의 지혜가 필요하다. 담당자 혼자 열심히 시장조사하고 궁리해서 기획서를 써봐야 개인이 가진 한계를 벗어나지 못한다. 관점이 다른 사람들이 모여 의견을 나누면서 생각의 교집합을 찾아내고 합집합을 확인해 생각의 지평을 넓혀나가야 한다. 그 과정에서 빠질 수 없는 것이 바로 치열한 논쟁이다. 그것도 수준 낮은 말싸움이 아니라 생산적인 논쟁이 필요하다.

기업 강연을 할 때 '회의 때는 논쟁을 해서라도 반드시 결론을 내라'고 조언하면 '잘못하면 감정만 상한다'고 걱정하는 분들이 많다. 실제로 안건 회의나 문제해결을 위해 긴급히 소집된 회의에서 입을 다물고 아이디어를 전혀 내지 않는 이들이 적지 않다. 그들에게 물으면 대개 윗사람 핑계를 댄다.

"회의를 소집해놓고 나중에 보면 해당 간부가 이미 결론을 다 내려놓고 있다. 그것도 본인이 현장에서 뛸 때나 통했던 10년, 20년 전의 방법을 들이밀기 일쑤다. 현실을 모르면서 밀어붙이기만 하니 실무자가 아이디어를 생각해봐야 소용이 없다. 나름대로 고민해서 한마디 해도, 본인 생각에 아니다 싶으면 불같은 성질로 쏘아붙인다. 기가 질리고 숨이 막힌다."

회의 때 고압적으로 굴고 부하직원의 말에 쏘아붙이는 상사라면 리더십에 문제가 있다. 그러나 한편으로 부하직원이 업무 담당자로서 배짱이 없고 나약하다는 상사의 지적도 맞는 말이다. 당신은 혹시 작은 질책에도 금세 자신감을 잃거나, 상대방이 '이해가 안 된다'고 한마디 하면 엄청난 벽이라도 만난 듯 쉽게 포기하지는 않는가? 그래서 생각하기를 멈춘 채 상사의 의견에 무조건 '맞습니다'만 연창하고 있지는 않은지 돌이켜보자.

우리나라의 대표적인 혁신기업 중 하나로 손꼽히는 현대카드는 계급장 뗀 토론문화로 유명하다. 그들의 회의에는 내 일 남의 일의 경계나 아랫사람 윗사람의 구분이 없다. 누가 됐든 회의에 들어왔으면 무조건 의견을 내야 한다. 회의에서 침묵을 지키던 임원에게 사표를 받은 것은 재계에서 이미 유명한 일화다. 이처럼 성역 없는 토론은 현대카드가 업계 꼴찌에서 2위로 도약하는 데 든든한 밑거름이 됐다. 다양한 사람들의 서로 다른 생각들이 부딪치는 과정에서 혁신 아이디어가 나온다는 사장의 지론이 구성원 전체로 퍼져나갔기에 가능했던 일이다.

여성으로서 그룹사 대표에 오른 모 CEO는 신문사와의 인터뷰에서 제대로 된 답을 얻으려면 끝장토론도 두려워하지 말아야 한다면서 이렇게 말했다.

"답이 나올 때까지 1년에 몇 번은 밤새워 끝장토론을 한다. 가끔은 울화가 치밀어 올라도 그것을 컨트롤하면서 치열하게 논쟁해서 최종 의사결정을 내린다. 성별이나 직급은 상관하지 않는다. 누가 더 치열하게 고민했고 납득할 만한 답을 갖고 있느냐가 중요할 뿐. 이런 토론을 할 때면 피가 부글부글 끓을 때까지 피치를 올린다."

1990년대 삼성전자의 반도체 신화를 선도한 황창규 전 사장 또한 건강한 논쟁 문화를 중시했다. 그는 "내 사무실에는 나를 칭찬하는 사람은 못 들어오게 하고, '이러면 안 된다, 저러면 안 된다'고 말할 줄 아는 사람만 들어오게 했다"고 말했다. 경영자의 오픈 마인드를 강조하는 말이기도 하지만, 거꾸로 생각해보면 싸워야 할 때는 사장과도 기꺼이 싸울 자세가 돼 있는 논리와 용기가 있어야 사장의 인정을 받을 수 있다는 말이 된다. 세상을 놀라게 했던 '황의 법칙'도 따지고 보면 CEO와 연구자들이 동고동락하며 치열하게 논쟁을 즐기는 풍토에서 싹튼 것이라 할 수 있다.

이처럼 세상을 놀라게 하는 제품은 그냥 나오지 않는다. 정말 미칠 정도로 끈질기게 논쟁하고 싸워야 나온다.

지칠 만큼 싸우면서도 일의 본질에서 벗어나지 않고 끈질기게 파고들기란 쉽지 않다. 감정 섞인 반론도 오갈 수 있고 근거가 불분명한 억지주장만 되풀이될 수도 있다. 논쟁과 설득이 길어지면 지친 나머지 적당히 타협하고 넘어가고 싶은 유혹도 생긴다. 실제로 기업에서 일어나는 많은 실패사례를 보면 거의 대부분이 논쟁에서 발생하는 심리전을 견디지 못하고 적당히 결론을 내리고 처리했다가 그르쳤다는 사실을 알 수 있다. 다양한 각도에서 검증하지 않은 정책은 어딘가 어설프고 문제가 생긴다. 최고의 정책은 항상 치열하게 파고드는 논쟁 과정을 거쳤을 때 나올 수 있다.

물론 감수해야 할 것도 많다. 해법이 안 보이고 지지부진하거나, 말 그대로 전쟁 같은 논쟁을 끊이지 않고 계속하고 나면 후유증도 만만치 않다. 정신적 스트레스에 시달리다 못해 소화불량이나 피부트러블도 생긴다. 그것이 현실이다. 이런 어려움을 모두 극복해야 한다. 쉽지 않은 일이고, 실상 이렇게 해내는 사람도 많지는 않다. 그래서 포기하지 않는 자세로 논쟁을 올바로 잘하는 사람일수록 조직에서 인정받는다.

내가 아는 대기업 CEO는 어느 여성 임원에 대해 이렇게 칭찬했다.

"우리 회의는 매번 싸움이다. 단, 건설적인 싸움이다. 내가 의견을 내면 김 이사는 '그런 면도 있을 수 있지만 이 사안과는 조금 다르다', '그건 아니다'라고 말한 뒤 설명한다. 마지막에는 서로 납득이 가는 결론을 끄집어낸다. 소위 똑똑하다는 사람들은 자기주장만 말하고 자기 의견으로 결론을 내리려고 고집을 부린다. 그러나 김 이사는 때때로 의견충돌을 겪더라도 한 사람 한 사람이 결국은 납득하도록 정성을 들인다. 회의만으로 다 해결하지 않을 때는 개인적으로 찾아가 설득한다. 그런 다음에는 물밑작업으로 오해나 쌓인 감정을 풀어준다."

사람을 공격하는 것이 아니라 본질, 즉 '일을 가지고 싸우면서 함께할 수 있는 사람'이 된다는 것은 결코 쉽지 않다. 칭찬받을 자격이 충분하다. 이런 사람은 지독히 고민해서 자기 생각을 가지고 일을 시작하고, 논쟁을 통해 부족한 부분은 채워서 결과를 만들어내겠다는 생각을 가지고 있다. 확신이 있을 때는 상사 앞이라도 주눅들지 않고 '한번 해보자', '믿음이 간다'는 제스처가 나올 때까지 공을 들인다. 이는 '기필코 해내겠다'거나 '이 비즈니스를 내 손으로 키워보겠다'는 식의 확실한 목표를 가지고 있을 때 가능한 일이다.

물론 나도 안다. 말이 쉽지, 상사와 당당하게 논쟁하기란 결코 쉬운 일이 아니다. 특히 장유유서 전통이 살아 있고 군대문화가 사회로까지 이어지는 우리나라의 정서에서 아무리 일에 관한 것이라 해도 상사의 의견에 정면으로 반박하기란 여간 힘든 일이 아니다. 더 좋은 결과를 내기 위해 일을 가지고 물고 늘어지다 보면 상대방이 감정적으로 받아들이는 경우가 있다. 어떤 상사는 하극상이라도 되는 듯이 괘씸해하며 논쟁을 일방적으로 끊고, 어떤 사람은 일에 대한 반론은 하지 않고 전혀 엉뚱한 꼬투리를 잡아 시비를 걸기도 한다. 논쟁을 하다가 부하직원을 감정적으로 싫어하게 되는 상사도 안타깝지만 적지 않다. '생각이 다른 것일 뿐'이라 해명해도 상사가 '어디 내게 대드냐'는 식으로 받아들이면 상황은 심각해진다.

앞에서 소개한 여성 임원도 일로 논쟁했다고 생각했는데도 나중에 다른 동료들에게 '말이 지나치다'거나 '여자가 너무 드세다'는 식의 말을 들은 적이 있다고 했다. 그럴 때마다 속이 부글부글 끓어도 삭이고 꾹꾹 누르면서 논리를 바로잡아야 하니 웬만한 마인드컨트롤로는 생산적인 논쟁을 하기가 쉽지 않다. 논쟁한 사람을 어르고 달래고, 차라도 한잔 하며 감정을 풀어주는 등 적절한 애프터케어를 해줘야 한다. 그런 의미에서 논쟁은 아이디어를 키워주는 동시에 그 사람을 크게 하는 성장촉진제이기도 하다.

이처럼 감정 상해가면서까지 논쟁해야 하는 이유는 무엇일까?

일의 수준을 높이는 과정이기 때문이다.

치열하게 논쟁하고 서로 싸울 만큼 깊이 파고든 후에야 비로소 수준 높은 결과물로 연결되는 경우가 많다. '불친절한 리더', '미치기 일보 직전까지 만드는 리더'라 불렸던 스티브 잡스는 이렇게 말한 바 있다.

"나는 논쟁을 즐긴다. 논쟁의 목적은 분명하다. 더 좋은 아이디어, 가장 좋은 아이디어를 채택하기 위해서다. 창업 이래 애플의 핵심가치는 줄곧 '고객에게 최선의 제품, 최고의 서비스'를 제공하는 것에 있다. 논쟁의 본질은 바로 그것이다."

그의 말대로, 논쟁은 실패 확률을 줄이고 수익을 극대화하기 위한 작업이다. 실전에서 우왕좌왕 헤매는 시간을 줄여 신속하게 일을 마무리하기 위한 장치다.

물론 논쟁은 말 그대로 전쟁이다. 익숙해지지 않으면 겁부터 먹고 지레 포기해버린다. 그러나 언제까지 피해만 다닐 수는 없지 않겠나. 항상 최고의 결론은 치열한 논쟁 끝에 도출된다는 것을 잊지 말고 논쟁을 기꺼이 받아들여야 한다.

부부도 헤어지려고 싸우는 것이 아니라 같이 잘살아보겠다고 싸우는 것 아닌가. 마찬가지로 회사에서도 함께 잘해보자고 논쟁을 벌이는 것이다. 그러니 일을 가지고 싸우고, 또 애정을 가지고 협력하는 연습을 하자. 두렵고 껄끄럽더라도, 논쟁의 본질인 그 '일 자체'에 끝까지 치열하게 집중하면 된다.

"아무리 아이디어가 좋아도 소위 '말발'에서 밀리면 말짱 헛것이다. A팀장은 준비도 하지 않고 회의에 입만 갖고 온다. 그러고는 번지르르한 말로 포장해서 인정받는다. 논쟁은 말 잘하는 사람에게만 유리한 것 아닌가?" 이렇게 하소연하는 사람도 있을지 모르겠다. 자신의 논리가 더 정연하고 대안도 타당한데 말재주가 없어서 논쟁에 불리하다는 것이다.

그러나 착각이다. 이는 그럴싸한 '말재주'의 문제가 아니라 '면역력'의 문제다. 논쟁에서 버티고, 나아가 즐길 수 있는 능력 말이다.

A팀장이 아무리 말재주가 좋다 한들, 해당 사안에 대한 통찰이 없으면 남들이 수긍할 만한 대안을 내기 어렵다. 즉 그 역시 당신 못지않게 고민하고 준비했다는 뜻이다. 설령 그가 준비 없이 회의에 들어왔다 해도, 그런 사람에게 밀릴 정도라면 누가 당신의 아이디어를 좋다고 인정해주겠는가? 당신의 아이디어를 지키고 인정받기 위해서라도, 논쟁과 친해져야 한다. 그런 사람만이 자기 역량을 마음껏 발휘할 수 있고, 최후까지 살아남을 수 있다.

회사를 키우고 팀을 키우면서 임원이나 간부까지 오른 사람들을 한번 보라. 그들은 그냥 올라간 것이 아니다. 치열하게 싸우면서 포기하지 않고 좋은 결과를 낸 사람들이다. 삼성그룹 모 CEO의 말은 그런 맥락에서 새겨들을 만하다.

"소위 말하는 최고 명문대라는 곳을 나온 입사동기들이 많았다. 그러나 지금까지 남아 있는 사람은 나 혼자다. 지내보면 진짜 필요한 것은 대학이나 MBA나 박사학위가 아니라 치열하게 답이 나올 때까지 생각한 후 밀고 나가는 힘이다. 간판이 자리를 보장하지는 않는다."

문제가 발생했을 때 그것을 해결하기 위해서는 제대로 된 답이 나올 때까지 질문하고 답하고 논쟁하는 과정을 반복해야 한다. 우리가 논쟁에 강한 인재, 논쟁에 강한 조직으로 거듭나야 하는 이유가 여기에 있다.

논쟁이 필요한 이유는 우리가 가지고 있는 잠재력을 몇 배, 몇 십배 증폭시키기 위해서다. 사람들 간의 소통과 융합으로 남들이 제시하지 못한 답을 찾기 위해서다. 아무리 뛰어난 인재들을 모아놓아도 융합하고 서로 화학작용을 일으켜 유용한 신가치를 만들어내지 못하면 소용이 없다. 한 사람이 모든 것을 직접 경험하면서 실행하기에는 시장이 너무 빨리 변하고, 고객도 기다려주지 않는다. 다른 사람의 전문지식, 전문능력 등을 빌려 써야 한다. 신가치 창출을 목적으로 다양한 능력과 아이디어를 가진 인재들이 만나서 서슴없이 논쟁해야 한다.

대면토론에 익숙한 인재가 신가치를 만든다

논쟁에는 아날로그적 소통이 적격이다. 이메일보다는 전화가, 전화보다는 직접 대면이 훨씬 낫다. 인간적인 친밀감 속에서 깊이 있고 다양한 이야기가 나오기 때문이다. 혁신을 추진하는 데 대면토론, 논쟁은 매우 유용하다. 아니, 반드시 필요하다. 혁신은 구호나 그럴싸한 문구만 가지고 되는 게 아니라, 사방팔방으로 직원들이 서로 대면하고 소통해야 실현 가능하다.

앞서 언급한 후지필름은 급변하는 시장을 빠르게 읽어 혁신을 추진하면서 대면토론 문화를 활성화하고자 노력한 대표적인 기업이다. 그들은 사내에 오픈스페이스를 설치해 부서를 넘나드는 대면토론의

장을 마련했다. 그곳에서는 화이트보드와 종이만을 사용해 전형적인 아날로그 방식으로 토론한다. 노트북 등의 다른 도구는 사용하지 못하게 해 상대의 시선이나 표정, 그리고 화이트보드에만 집중하도록 유도한다.

컴퓨터나 영상물 등을 활용하면 화려하긴 하지만 어쩔 수 없이 상호 간의 거리감이 생긴다. 디지털 매체에 커뮤니케이션을 의존하기 시작하면 대인접촉이나 대면접촉을 회피하는 현상도 나타난다. 그러면 생산적인 논쟁 자체가 일어나기 힘들어진다. 아무리 머리가 좋고 아이디어가 좋아도 대면토론에 익숙하지 않으면 아이디어를 발전시키고 협력자를 확보할 수 없다.

그런 의미에서 나는 모든 기업들이 중시하는 '인재'는 곧 '대면소통에 능한 인재'가 아닌가 생각한다. 구글, 애플, P&G, 3M 등 많은 기업에서 오픈스페이스를 운영하고 부서 간의 문턱을 낮춘 것도 자유롭게 타 부서 사람들과 대면접촉을 하며 아이디어를 발전시킬 기회를 늘리기 위해서다.

샌드페이퍼를 시작으로 스카치테이프, 필름, 포스트잇, 의료용품, 전자, 광학소재 등 혁신적인 제품들을 내놓은 3M은 세계에서 가장 혁신적인 기업으로 유명하다. 이들 또한 대면소통을 중요시한다. 문서, 문자, 팩스, 전화, 인터넷, SNS 등 모든 소통들도 유용하지만 대면소통을 하지 않으면 사일로에 빠지게 된다. 혁신에 치명적이다. 3M은 다른 발전하는 기업들처럼 사일로 쌓는 것을 결코 용납하지 않으며, 직원 모두가 거침없이 벽을 허물어 소통하자는 기업문화를 가지고 있다.

예를 들어 부서나 팀을 초월해 특정 테마에 관심을 가진 사람들은 언제든지 얼굴을 맞대고 다양한 아이디어, 정보, 경험을 교환할 수 있다. 누구든 개인의 아이디어를 계속 발전시키고 싶다면 필요한 동료들에게 도움을 요청할 수 있다. 특정 분야에 대해 다른 부서에 좋은 정보나 경험이 있는 인재가 있다면 힘을 빌린다. 개인적으로도 그렇고 부서장을 통해서도 언제든지 정식 요청할 수 있다. 부서장은 최우선적으로 협조한다는 것이 3M의 문화다.

혁신에는 소통이 필요하다. 모든 것을 초월한 논의의 장이 필요하다. 3M의 대표적인 행사가 전 임직원이 참여할 수 있는 '테크니컬 포럼'이다. 이런 전사적인 행사는 소통의 문화를 중시하고 활성화하는 촉진제 역할을 한다. 이 자리에서 구성원들은 '내가 생각지 못한 생각, 내가 보지 못했던 각도, 내가 느끼지 못했던 느낌, 내가 경험하지 못한 경험'들과 만난다. 혁신의 자극제와 영감들과의 만남인 셈이다.

동료들의 귀중한 경험과 소중한 정보를 공유하는 것, 이것이 바로 밀접한 대면토론에서 얻을 수 있는 가치다. 그들은 그것들을 가지고 새로운 혁신 가치를 만들어낸다. 평소 일할 때는 만날 일이 없고 교류가 없었던 부서 사람들과도 소통을 하다 보면 의외의 정보를 얻을 수 있다. 어렵게 생각했던 부분도 쉽게 풀어낼 수 있고, 문제해결의 단초도 구할 수 있다. 그 결과 막연한 두려움도 날려버리고, '그건 어렵겠다', '안 되겠다'고 지레 포기하는 바보의 벽도 깰 수 있다.

성과는 결국
마무리하는
사람의 몫이다

'위기의 11분(critical eleven minutes).' 비행훈련에서 가장 중요한 11분을 가리키는 말이다. 비행기의 이륙 후 3분과 착륙 전 8분을 더한 11분은 사고가 일어나기 쉬운 시간대로, 각별히 조심하고 집중해야 한다. 이때는 특히 눈이나 비, 돌풍과 같은 날씨, 주변을 나는 새 떼와의 충돌 등 예기치 못한 것들에 대비해야 한다.

마찬가지로 일도 시작과 끝이 중요하다. 특히 일을 시작했으면 가장 중요한 것이 어떻게 마무리할 것인가다. 굳이 예를 들어 설명하지 않아도 알 것이다. 우리 주위에 일을 마무리하기는커녕 아무 성과 없이 시간만 낭비하고 슬그머니 도망치는 사람들이 얼마나 많은지. 공사하다 부도난 건물처럼 일을 그대로 방치하고 떠나 결국 흉물로 만들어버리는 꼴이다. 일을 시작했으면 만족스럽든 그렇지 않든 일단 마무리를 잘해야 한다.

기업에서 마무리를 한다는 것은 무엇인가? 살 사람을 찾아 필요한 물건을 팔고 돈을 받아 이득을 남기는 것이다. 일을 시작했으면 문제를 해결해야 일이 끝난다. 물건을 팔았으면 돈을 받아야 끝난다. 제품을 개발하기 시작했으면 출시를 해야 끝난다. 아파트를 지었으면 다 팔아야 끝난다. 즉 마무리를 한다는 것은 업무를 완결해 최종 성과를 낸다는 뜻이다.

그렇다면 마무리를 '잘'한다는 것은 무엇일까. 스스로 의사결정을 하고 책임질 줄 안다는 것이다.

많은 사람들이 '잘못되면 어떡하지' 하는 생각 때문에 의사결정을 하지 못한 채, 여차하면 상사나 동료에게 결정을 떠넘겨버린다. 그러나 어떤 일이든 선택의 연속이다. 의사결정, 즉 어떻게 할 것이며 무엇을 선택할 것인가를 결정하지 못하면 일을 끝낼 수 없다. 책임을 회피하는 사람은 상사나 동료에게 '어떻게 해야 하나'고 계속 물어야 한다. 스스로 할 수 있는 일이 없어서 매번 누군가가 봐줘야 한다. 자신은 일을 한다고 생각하겠지만, 사실은 심부름만 하는 것이다. 이런 식으로 의사결정을 미루고 미뤄서 결국 때를 놓치고 만다.

따라서 마무리할 줄 모르는 사람은 어려운 선택을 해야 하거나 책임이 따르는 중요한 일을 맡을 수 없다. 아무리 똑똑한 사람이더라도 일을 제대로 마무리할 수 없다면 결과를 낼 수 없다. 더욱이 팀으로 일하는 조직에서 일을 마무리하는 사람은 목표의식과 일에 대한 책임감이 남달라야 한다. 일에 대한 정신적 지분이 크다고 할까. 결국 마무리를 지을 줄 아는 사람, 일을 끝낼 줄 아는 능력이 일의 성패와 실적의 수치를 결정하게 된다.

경험으로 알겠지만, 일을 마무리하고 그 일에서 결과를 낸다는 것은 상당히 어려운 작업이다. 일을 벌이는 작업은 누구나 할 수 있지만, 일을 제대로 끝내는 것은 아무나 못한다. 엄청난 에너지와 지적 능력 그리고 체력이 필요하다. 팀원들의 적극적인 협조도 이끌어내야 한다. 그렇게 할 때 설령 기술적으로 완벽하지 못해도 시장에서 호평받을 수 있다. 디자인팀이 보완해주고, 홍보팀에서 특색 있는 가치를 알리고, 마케팅팀에서 고객 친화적인 행사를 기획하고, 업무지원팀이 신속하게 일을 처리해주고, 서비스팀이 최고의 고객서비스로 뒷받침해준다. 이 모든 실행이 완벽하지 않은 제품을 시장 최고의 제품으로 탈바꿈시키고 더 완벽하게 해주며, 결국 고객이 돈을 지불하고 만족하면서 제품을 구매하게 한다. 그다음 더 완벽해진 제품을 내면 그들은 다시 충성스런 고객이 된다.

비근한 예로 컴퓨터와 휴대폰이 있다. 컴퓨터와 휴대폰 산업은 쉼 없이 진화하는 대표적인 분야다. 3년 전에 나온 모델을 보면 느낌이 어떤가. 너무 허술하고 사양도 떨어져서 거저 줘도 싫다고 할 판이다. 그래도 당시 그 제품들은 모두 고가에 팔렸다. 만약 그 당시 기업에서 '몇 개월만 연구하면 더 좋은 사양과 높은 버전의 제품을 내놓을 수 있을 텐데' 하고 시간을 끌었다면 어떻게 됐을까? 그 기간만큼 판매를 못하는 것은 물론, 경쟁사의 신제품에 밀려 브랜드 자체가 시장에서 잊힐 위험도 크다. 판매가 좋았던 제품들은 하나같이 적시에 제품개발을 끝내는 능력이 있는 팀의 작품이다. 그리고 그 팀에는 마무리를 판단하고 나아가 결단할 줄 아는 사람이 있었을 것이다.

사람들이 흔히 하는 착각이 있다. 일에 완벽을 기하고자 노력하면 인정받으리라 생각하는 것이다. 하지만 현실은 그렇지 않다. 마무리를 잘한다는 것은 '완벽'이 아니라 '최고'를 지향하는 것이다. 완벽하게 한다는 명목으로 일을 끝내지 않고 지지부진하게 붙잡고 있으면 모든 노력이 수포로 돌아갈 수도 있다.

이와 관련해 재미있는 비유가 있다. 영국의 경제학자 파킨슨(North-cote Parkinson)에 따르면, 할 일 없는 노부인은 조카딸에게 엽서 한 장 부치는 데 하루를 꼬박 들인다. 쓸 말이 많아서이거나 몸이 불편해서가 아니라, 그것 말고는 할 일이 없기 때문이다. 인원과 성과 사이의 상관관계를 고찰한 파킨슨은 '일이 많아서 사람이 필요해지는 게 아니라, 사람이 많아져서 일이 늘어나는 것'이라는 '파킨슨의 법칙(Parkinson's Law)'을 발표했다. 기업에서 바쁜 직원에게 일을 더 맡기는 경우가 있는데, 바쁜 사람일수록 시간을 아끼고자 일을 빨리 처리하기 때문이라는 것이다. 할 일이 없는 직원들은 완벽을 기한다면서 쓸데없는 자료조사나 회의에 시간을 잡아먹기 일쑤다.

요컨대 자원과 성과는 정비례하는 게 아니다. 시간을 많이 들인다고 성과가 좋아지는 것도 아니다. 오히려 비즈니스에서는 완벽보다는 '제시간(on time)'이 중요할 때가 많다. 사실 타이밍 그 자체가 완벽의 중요한 구성요소이기도 하다. 시간을 맞추면 앉아서 가든 서서 가든 버스에 탈 수 있지만, 시간을 놓치면 걸어가야 한다.

시간을 더 주면, 사람을 더 붙여주면, 경비를 더 지원해주면, 더 완벽하게 할 수 있다고는 누구나 말할 수 있다. 하지만 비즈니스에는 '타이밍'이 있고 '예산'이 있다. 자원을 펑펑 써가며 완벽하게 일하는 것은 결코 잘하는 것이 아니다. 그보다 뛰어난 능력은 주어진 상황에서 극한에 가까운 결과치를 내고 끝마칠 줄 아는 것이다.

로사베스 모스 캔터(Rosabeth Moss Kanter) 하버드 경영대학원 교수는 코닥의 실패를 분석하며 "코닥이 가진 '완벽한 제품을 만들겠다'는 멘털리티는 틀렸다. 그것에 사로잡히면 안 된다"고 지적했다. 그것에 사로잡히면 시장과 동떨어진 제품에 한없이 매달리다 실기(失期)하기 때문이다. 하이테크, 1등 기업들은 제품을 만들고 출시한 후 또 수정해가면서 시장을 만들어나간다. 그러기 위해서는 시장에서 가장 빠르게 선제대응할 수 있는 깨어 있는 조직이 되어야 한다.

당신이 올해 꼭 해야 하는 것, 하기로 한 것, 할 수 있었던 것, 하려고 했던 것, 시작한 것이 무엇인지 생각해보라. 그것들은 제대로 마무리되었는가? 성과를 내려면 맡은 일을 제대로 끝마치는 습관을 가져야 한다. 일을 끝내야 또 다른 일을 할 수 있다. 일을 마무리하지 않으면 성과를 낼 수 없고, 더 나은 일을 하지 못한다. 진전이 없는 것이다.

긍정적 긴장감이 올바른 결과를 낸다

일을 제대로 마무리하려면 상당한 고민과 노력이 필요하고 때로는 고통도 따른다. 무엇보다도 '빨리 끝내고 싶다'는 유혹을 이기고 최고의 결과를 내는 근성이 요구된다. 지루함과의 싸움도 치르고, 방심과의 싸움에서도 이겨야 한다.

이와 관련해 어느 CEO가 내게 들려준 '실패담'이다.

주말 골프에서 그는 신중에 신중을 기해 롱 퍼팅을 해 남보다 2타 정도 앞서 홀컵 1m까지 붙였다. 그 순간 머릿속에 '잘됐다, 이제 됐다'는 생각이 들었다고 했다. 이제 남은 건 1m짜리 퍼팅뿐. '이 정도면 쉽게 넣을 수 있겠다'는 생각을 할 만한 상황이었고, 그도 지체 없이 퍼팅을 했다. 그런데 웬일인가. 평상시라면 눈 감고도 넣을 위치에서 퍼팅한 공이 홀컵을 훌쩍 지나쳐버린 것이다.

그는 어이없어하면서 한참을 서서 생각했다고 했다.

'99%를 전력투구해 잘해놓고, 마지막 1%를 적당히, 대충 해서 벌어진 일 아닌가? 그야말로 치명적인 방심이었다.'

그날 그는 하루 종일 그 작은 것, '마무리의 디테일'에 집중하지 못한 자신을 부끄러워하며 보냈다고 했다.

당신도 이 CEO처럼 '이 정도면 안심이다. 얼추 다 됐으니 대충 해도 문제없다'고 생각하다가 일을 그르친 기억이 있는가? 그나마 이 CEO는 운이 좋은 편이다. 휴일 내기골프가 아니라 회사의 중요 프로젝트에서 방심했다면 얼마나 큰 대가를 치러야 했겠는가.

일을 하다 보면 대담해야 할 때도 있고 정교해야 할 때도 있다. 과감한 결단력과 추진력이 빛을 발할 때도 있고, 위기에도 무너지지 않는 디테일한 지구력이 절실한 순간도 있다. 호쾌한 드라이브샷과 컴퓨터 퍼팅이 모두 갖춰져야 이기는 골프를 칠 수 있는 것과 같다. 마지막까지 방심하지 않고 상황 판단력을 잃지 않아야 게임에서 이길 수 있다. 모두 끝까지 긴장감을 유지해야 가능한 일이다.

일을 제대로 마무리하려면 적절한 긴장감이 있어야 한다. 99%까지 왔다고 마음이 풀어지는 사람은 성공하지 못한다. 마지막까지 최선을 다할 줄 아는 디테일한 승부근성이 있어야 한다.

적절한 긴장을 유지하는 것은 음식으로 말하면 간을 맞추는 것이다. 제대로 간이 맞지 않는 요리가 최고로 대접받을 수 있겠는가? 마찬가지로 긴장감이 없는 조직은 부패하기 쉽고, 능력을 가진 사람들도 크게 성장하기 어렵다.

금융투자, 주식거래 세계에서 뼈에 새겨야 할 금언으로 전해지는 말 중에 '투기적 마인드를 컨트롤할 수 있는 인간은 없다'가 있다. 그래서 금융투자, 전문 운용사들은 거래의 룰을 규정하고 그것을 잘 지켰는지 상호 점검할 수 있는 시스템을 구축해놓는다. 그런 매뉴얼이 없는 상태에서 개인이 직접투자자로 활동한다면 투기적 마인드를 이겨내기 어렵다. 인간이기 때문이다.

기억해야 할 것을 잊어버리는 망각의 동물, 투기적 마인드에 빠지기 쉽고 기존의 성공에 안주하려는 유혹에 빠지기 쉬운 것이 바로 인간이다. 따라서 우리에게는 적절한 긴장이 필요하다. 좋은 결과를 내는 조직에는 항상 긴장감이 흐르고, 구성원들이 서로를 견제하고 바로잡아주는 풍토가 자리 잡혀 있다.

적절한 긴장감은 문제나 해결해야 할 일들을 적극적으로 받아들일 수 있는 상태를 의미한다. 긴장감은 해서 안 되는 일은 하지 않고, 해야 할 일은 제대로 할 수 있는 상태를 의미한다. 적절한 긴장감은 스스로 목표를 설정해 남들보다 많은 땀을 흘리게 한다. 하찮은 일도 남들이 해내지 못하는 수준으로 해내게 한다. 적절한 긴장감이 일에 대한 진정성으로 묻어나고, 일에 제대로 몰입할 수 있게 하기 때문이다.

일에 제대로 몰입하면 그것만으로도 행복과 성취감을 맛볼 수 있다. 심리학 교수 미하이 칙센트미하이는 《몰입의 즐거움》에서 깊이 몰입한 상태를 플로(flow)라 부르며 "제대로 몰입할 수 있다면 그것만으로도 즐겁고 보상받는 느낌을 받는다"고 말했다.

또한 적절한 긴장감을 유지할 수 있다면 시간 투자 대비 효과를 최대화하는 집중력을 발휘할 수 있다. 실력이 부족해도 올인정신으로 임하면 기존의 실력이나 실적을 극복할 수 있다. 서울대학교 황농문 교수는 자신의 경험을 토대로 한 《인생을 바꾸는 자기혁명, 몰입》에서 명석한 두뇌가 아니라 몰입을 통해서 얼마든지 능력 이상의 성과를 낼 수 있다고 강조한다. "1분밖에 생각할 줄 모르는 사람은 1분 걸려서 해결할 수 있는 문제밖에 풀지 못한다. 60분 생각할 수 있는 사람은 그보다 60배나 높은 난이도의 문제를 해결할 수 있다. 10시간 계속해서 생각할 수 있는 사람은 그보다 600배 난이도 높은 문제를 해결할 수 있다"는 그의 말은 분명 설득력이 있다.

교육학자로 유명한 마리아 몬테소리는 "좋아하는 일을 열심히 하는 것이 곧 휴식이다"는 말을 남겼다. 우리가 어떤 일이든 목적을 분명히 하고 열정을 쏟을 수 있다면 심적으로 즐겁다. 그 순간만큼은 모든 것을 잊고 온전히 빠져들 수 있다. 그래서 일 열심히 하는 사람들이 '쉬는 날이 아픈 날'이라고 하는지도 모른다. 허튼소리가 아니다. 당신 또한 목표를 가지고 그 목표를 이루고자 열정을 쏟으면서 희열을 느낀 적이 있을 것이다. 그때 우리는 마음까지 평온해지는 효과를 경험하곤 한다.

조직도 마찬가지다. 구성원 모두가 경영목표를 분명히 하고 그 목표를 향해 행동을 함께할 때 목표에 대한 두려움을 떨치고 더 열심히 하게 된다. 팀이 운명공동체처럼 하나 된 힘으로 움직이면 극한의 상황에서도 이길 수 있다. 그래서 짐 콜린스는 "위대한 기업에는 조금은 사이비종교 집단 같은 면모가 있다"고 말했다.

몰입이든 운명공동체의 열정이든, 여기에는 '긍정적 감정'이 반드시 수반되어야 한다. 여기서 말하는 긴장감은 집중과 몰입을 위한 것이지 몸이 굳어지는 것이 아니다. 즉 피 말리는 긴장감이 아니라 스스로를 즐겁게 하고 성취도록 높이는 기폭제가 되는 긴장감이다. 너무 여유를 부리면 일이 늘어지면서 실수가 연발되고, 너무 긴장하면 제대로 실력발휘를 하지 못할 것이다. 지나친 낙관은 생각하지 않는 머리를 만들고, 지나친 비관은 심리적 병을 만들 수 있다. 불필요한 긴장은 걱정을 낳고, 부정적으로 비관하다 보면 무기력증에 빠질 수 있다. 불쾌하고 혼란스러운 감정, 불편하고 불만족스러운 심기, 욕구불만에서 오는 불안감, 상황에 적응하지 못하는 데서 오는 정서불안, 해결책을 생각하려 하지 않는 회피반응 등은 모두 지나친 긴장이나 걱정에서 온다.

이런 유형의 사람들은 생각대로 일이 잘 풀리지 않는다며 자기혐오에 빠지기도 하고 무슨 일이든 힘들어하고 쉽게 지친다. 적절한 긴장감을 유지하며 긍정적으로 나서서 일하는 사람보다 배 이상의 에너지를 소비해야 하기 때문이다. 따라서 개인이든 팀이든 적절한 긴장감의 전류가 흘러야 한다. 긍정적 마인드에서 오는 적절한 긴장감을 유지했을 때 몰입도가 높아지면서 성과도 좋아진다.

경기가 끝나기 전까지는 긴장을 풀지 말라

어느 열정적인 사람이 비즈니스 정글의 전설적 인물에게 물었다. "왜 저는 큰일보다 작은 일로 망가질까요? 작은 실수 때문에 큰일을 망칠 때가 많습니다."

그는 자동차 판매원으로, 어느 고객을 3개월 동안 찾아가 정성을 들인 끝에 마침내 자신이 근무하는 지점으로 모시게 됐다. 공을 들인 보람이 있어서 드디어 계약을 하러 고객이 찾아온 것이다. 그는 안도의 한숨과 함께 긴장을 풀었다. '됐어, 너는 이제 독안에 든 쥐다', '안방에서는 내가 유리하다'는 생각이 머릿속에 가득 찼다. 그래서 자기도 모르게 말투도 달라졌고 건방진 고자세가 묻어났다. 고객은 그런 부분에서 동물적 감각을 가지고 있다는 사실을 망각한 것이다. 결국 고객은 그냥 돌아가고 말았다.

일을 할 때 중요한 것은 얼마나 많이 알고 똑똑하냐가 아니라, 얼마만큼 끝까지 긴장감을 풀지 않고 정성을 들이느냐다. 무슨 일이든 하나의 일에 집중해 혼신의 힘을 쏟으면 못할 것도 없다. 그러다가도 긴장이 풀리면 결과는 180도 달라진다.

대개 큰 계약을 성사시키면 근사하게 술 한잔 하고 싶어 한다. 큰 실적을 올렸으니 '한번 쉬었다 가자'며 넥타이 풀고 편안함을 만끽하는 것이다. 큰 위기를 극복한 후에도 사람들은 대개 한숨 돌리고 쉰다. 물론 충전은 반드시 필요하다. 그러나 늘어지면 문제다. 충전을 위한 휴식이 아니라 '이 정도면 됐다'고 안일해지는 것이다. 축구로 말하면 한 골 넣었으니, 이대로 경기가 끝나기를 바라며 '지키는 쪽으로 가자'는 생각에 수비에 치중하는 패턴과 같다. 최고의 공격 자원을 빼서 수비에 넣는 격이다.

이기는 게임에서는 그런 안이한 생각이 통하지 않는다. 비즈니스 정글을 비롯해 모든 승부의 세계에서는 '이것으로 족하다', '이제 됐다'는 식의 골을 지키겠다는 소극적인 자세가 가장 위험하다. 개인은 물론이고 어떤 기업이나 조직이든 항상 변화하고 혁신하면서 진화를 궁리하지 않으면 거기서 멈춰버린다. 아니, 다른 경쟁자들이 전진하고 있기 때문에 결과적으로 후퇴하는 꼴이 된다.

꾸준하게 결과를 내는 사람들은 결코 지금에 만족하는 법이 없다. '공격이 최상의 방어'라는 말처럼, 잘되는 회사에는 큰 계약을 끝내고 나서도 마무리 업무를 체크하고, 다음에 만날 사람에게 전화를 걸어 약속을 잡는 사람들이 있다. 큰 고비를 넘기고 나서도 긴장을 늦추지 않고 빠뜨린 사항이 없는지 점검하며, 다음번에는 더 큰 장벽을 넘고 더 강해져야 한다고 다짐하는 사람들이 있다. 한번 성공하고 얼마 지나지 않아 금방 쪼그라드는 보통 사람들과는 분명 다른 패턴을 보인다.

이들은 왜 쉬지 않는가? 남들 눈에는 아등바등 일에만 매달리는 것처럼 보일지 몰라도, 이들은 마지막 1%가 결과를 좌지우지할 수 있기 때문에 방심할 수 없다고 말한다. 중요한 것은 마지막까지 최선을 다할 줄 아는 디테일한 승부근성이다.

　바둑에 '착안대국 착수소국(着眼大局 着手小局)'이라는 말이 있다. 생각은 크게 갖고 실행은 작은 것부터 철저히 한다는 의미다. 큰 그림을 보고 생각하고, 디테일한 부분에 집중해 부지런히 손을 움직여야 한다. 크게 멀리 보면서 실행은 한 수 한 수 집중해야 성공할 수 있다. 일도 마찬가지다. 대의(큰 포부)를 품어야 어려움이 닥쳐도 쉽게 포기하지 않게 되고, 작은 것에도 집중하고 세심하게 실행해야 일을 성사시킬 수 있다.

책임지는 인재가
인정받는
리더가 된다

누구나 조직에 들어온 이상 뛰어난 리더가 되어 인정받고 싶어 한다. 출세욕이든, 명예욕이든, 자기 뜻을 펼쳐보려는 욕구든, 리더가 되어야 할 이유는 많다.

기왕에 리더가 되고자 한다면 사람들의 귀감이 되고 뚜렷한 족적을 남기는 리더를 꿈꾸는 것은 어떤가. 그런 욕구 없이 무조건 리더가 되겠다는 욕심에만 눈이 멀면 자칫 '자릿값' 못하는 무능한 리더로 전락할 수 있다. 세상에는 똑똑하고 실무도 곧잘 하는데 정작 구성원들을 이끌어 일을 추진하지 못하는 '헛똑똑이' 리더들이 적지 않다.

이들의 가장 큰 문제는 구성원들의 눈치를 보며 몸 사리는 '인기영합주의'다. 사람들과의 관계에 연연하는 직원이 리더가 되면 자기 이미지를 손상시키지 않고 그저 멋져 보이기만 하려고 한다. 그리고 그 밑에는 겉보기에만 그럴듯한 리더에게 부화뇌동하는 고만고만한 직원들만 남게 된다.

아무리 똑똑한 늑대들을 많이 모았어도 지시받은 대로만 움직이는 순진한 양을 리더로 세워놓으면 그 조직은 제대로 굴러가지 않는다. 하나하나는 똑똑한 늑대들이 분명한데 제대로 사냥하지 못하고 오합지졸처럼 서로 물어뜯으며 싸움만 할 뿐이다. 차라리 싸움을 못하는 양들을 모아놓고 대신 똑똑한 늑대를 리더로 세우는 편이 훨씬 낫다.

그만큼 조직에서 리더의 영향력은 절대적이다. 리더란 가능성이 있는 인재들을 자기보다 뛰어난 인재로 육성하는 사람이다. 마치 철강왕 앤드루 카네기처럼 말이다. 그의 묘비명은 리더의 자질을 단적으로 보여준다.

'자신보다 뛰어난 이들을 거느리고 함께 일할 줄 알았던 자, 여기에 잠들다.'

그렇다면 뛰어난 리더로 성장하기 위해서는 어떤 자질이 필요할까? 일본의 전 총리 다나카 카쿠에이(田中角榮)에게서 그 실마리를 엿볼 수 있다. 그는 초등학교 졸업 후 야간 직업학교를 나와 총리에 오른 입지전적 인물로 유명하다. 일본의 경제발전을 이끌면서 탈도 많았고 공도 많았던 그가 도쿄대 출신의 엘리트 관료집단의 본산인

대장성 장관에 임명되자, 수많은 구성원들이 인사에 불만을 품었다. 여기저기서 견제가 들어오고 업무에 차질이 생길 것은 불을 보듯 뻔했다.

그러나 다나카는 1분짜리 짧은 취임사로 그 모든 우려와 불만을 일거에 해소했다.

"여러분은 천하가 알아주는 수재들이다. 나는 초등학교밖에 나오지 못한 사람이다. 세상 경험은 어느 정도 했다고 생각하지만, 대장성 일에 대해서는 깜깜하다. 여러분은 재정·금융의 전문가들이다. 앞으로 나를 만나고 싶을 때는 형식과 절차를 따지지 말고 언제든 오라. 지금은 국가적으로 중대한 국면에 처해 있다. 따라서 여러분은 본인의 일을 주저 없이 과감하게 추진하기 바란다. 결과에 대한 모든 책임은 수장인 나, 다나카가 지겠다."

비록 말년에는 정치적으로 구설수에 오르는 등 리더로서 흠결이 있었지만, 이 연설에는 리더십에 대한 그의 통찰이 드러난다. 바로 '책임은 리더인 내가 질 테니 한번 제대로 해보라'며 구성원들과 함께 뛰는 리더십이다. 책임지겠다는 리더 밑에 책임지고 나서는 인재가 만들어지는 법이다. 그리고 그 '책임의 리더십'은 밑바닥부터 체득해온 끝장정신에서 나온다.

리더들이 볼 때 가장 키우기 싫은 부하직원은 혼자 똑똑한 줄 아는 이기적인 직원이다. 이들은 '나는 똑똑하니 언제든 똑똑한 회사로 갈 수 있다'는 생각에 젖어 있다. 이런 마음으로 일에 정성을 쏟을 리 만무하다. 일에 한쪽 발만 슬쩍 걸쳐놓은 채 밖에 더 좋은 회사가 없나 기웃거리느라 바쁘다. 자신의 무책임 때문에 회사가 더 퇴보한다는 생각은 안중에 없다.

'나는 언제든 좋은 회사로 갈 수 있다'는 생각으로 하루하루를 소모하는 것보다는 '내가 있는 이곳이 멍청한 회사가 되지 않도록 해야 한다'는 책임의식을 배가하는 것이 장기적으로 볼 때 영리한 판단이다. 그 편이 회사의 성장이나 자신의 발전에 훨씬 도움이 될뿐더러, '똑똑한 회사의 일원'이 될 가능성을 높이는 길이다. 마음에 안 든다고 내가 가진 실력의 반만 쓰면 결국 내 실력만 쪼그라든다. 또 회사가 실적이 나빠져 무너지거나 다른 회사로 넘어가면 개인에게도 전혀 좋을 것이 없다. 망한 회사에서 근무한 사람을 누가 '일 잘할 사람'이라 믿어주겠는가. '나는 그 회사를 망하게 한 사람이 결코 아니다'고 열변을 토해도 '망하게 한 죄'에서 자유롭지 못하다.

일단 몸담은 곳이라면 여기서 승부를 보겠다는 생각이 옳다. 평생 한 직장에 있으라는 말이 아니다. 오래 같이 발전할 수 없더라도, 일단 내가 맡은 일에 관한 한 끝까지 책임진다는 생각으로 자신의 능력을 극한까지 써봐야 한다. 그래야 개인과 조직이 같이 성공할 수 있다.

목표로써 책임의식을 전수한다

비즈니스 정글에는 평사원으로 입사해 CEO의 자리까지 오른 리더들이 있다. 그들을 직접 인터뷰하고 대화를 나누다 보면 공통적으로 '이 사람은 리더가 될 수밖에 없구나' 하고 감탄하게 하는 특징이 있다. 그 특징은 다음과 같다.

- 사람들을 좋아하는 순수성을 가진 사람
- 다른 사람을 챙겨줄 만한 인간성이 있는 사람
- 회사가 추구하는 가치와 비전을 풀어낼 수 있는 사람
- 각자의 이기심을 버리고 경영목표에 뛰어들 수 있게 하는 사람
- 적절한 목표를 부여하고, 맡길 줄 아는 사람

이 모든 특성들은 그들의 남다른 리더십을 구성하는 인자들이다. 무엇보다도 그들은 인재를 키우는 능력이 남다르다. 그들은 구성원과의 소통을 통해 '그 사람의 현재 위치, 앞으로 노력해서 올라가야 하는 수준'을 스스로 알게 해준다. 그리고 열심히 해서 결실을 담을 수 있는 그릇, 즉 목표치를 적절히 제시한다. 그 그릇을 팀원이 다 채우면 더 큰 그릇을 내준다. 분발하도록 끊임없이 적절한 과제를 주는 것도 탁월한 리더의 역량이다.

능력 있는 리더는 팀원들이 그릇 채우는 고단함과 재미를 함께 느끼게 해준다. 시간이 지난 후 팀원은 자신도 모르는 사이에 '이렇게

내가 성장했구나' 하고 느끼게 된다.

월급과 성과급을 많이 받는 만족감도 있겠지만, 더 큰 기쁨은 뭐니 뭐니 해도 자신이 성장했음을 실감할 때다. 단순한 일만 반복할 때, 열심히 해도 달라지는 게 없을 때 사람들은 권태에 빠진다. 그러므로 리더라면 구성원의 열정을 끌어내 협업정신으로 무장하게 하고, 일을 배당하고 격려해 목표 이상을 기필코 이루게 하는 능력을 갖춰야 한다. 그래야 열정을 유지하고 목표를 끝까지 완수하는 인재를 키울 수 있다.

대의와 책임의식이 최고의 리더를 만든다

목표의식을 끝까지 잃지 않게 하는 핵심인자가 바로 '대의'와 '책임의식'이다. 대의는 조직의 존재이유, 경영철학, 그리고 각자의 이기심을 버리고 동참하도록 추동하는 '스토리가 있는 목표'를 포함한다. 리더를 다른 말로 표현하면 일의 발전과 구성원의 성장을 위해 책임감과 자기희생을 각오하고 있는 사람이다. 이러한 리더의 대의는 팀원들이 일에 대해 쉽게 포기하지 않고 강한 의지를 갖게 하는 목표로 이어진다.

사람들은 '열심히 하겠다'는 말을 밥 먹듯이 한다. 하지만 현실에 뛰어들면 그 열정이 금세 식어버린다. 왜 이 일을 해야 하는가에 대한 답변을 스스로에게 들려주지 못하기 때문이다. 자신이 먼저 '왜

이 일을 해야 하는지'에 대해 설득되지 못한 사람은 누구도 설득할 수 없다.

왜 이 일을 해야 하는가를 알면 일을 어떻게 해야 하는지를 고민하게 된다. '왜'를 분명히 가지고 있는 사람은 일을 적당히 하지 않는다. 일하는 온도가 높아질 수밖에 없다. 리더로 성장하고자 한다면, 지금부터 솔선수범해 이런 대의를 보여주고 사람들에게 전파해야 할 것이다.

끝장정신을 싹트게 하는 가점제도

탁월한 리더는 책임정신을 전파하기 위해 실패한 사람을 문책하기보다 무사안일주의에 빠진 사람을 문책한다. 자기 자리만 지키려고 할 뿐 발전의식이나 책임지려는 팀 정신이 없는 사람은 위기상황에서 조직에 치명상을 입힐 수 있기 때문이다. 따라서 발전하는 조직은 책임지지 않는 사람을 징계하고, 자신을 희생하면서까지 기필코 새로운 성장을 가져다준 사람에게는 가점을 주는 가점제도를 운영한다.

신화를 만들어낸 기업에는 어디든 날을 숱하게 새우고, 휴가를 반납하고, 개인생활도 포기해야 했던 역사가 있다. 조금만 방심하면 나락으로 떨어질 절체절명의 상황에서는 큰일은 생각보다 중요하지 않다. 오히려 작은 팀플레이를 챙길 때 큰일이 제대로 돌아간다. 따라서 남들이 하기 싫어하는 일, 남들이 간과한 일에서 성과를 냈을 때 가점을 분명하게 주는 것이 중요하다. 무엇보다도 '알아주지도 않는데 왜 열심이냐'는 냉소가 나오지 않도록 해야 한다.

예를 들어 주말이 다가오면 사람마다 일을 대하는 자세가 달라진다. 금요일 오후에 하던 일을 마무리하고 퇴근하는 사람이 있고, 나머지는 다음 주에 이어서 하겠다고 생각하는 사람도 있다. 일을 해놓고 가겠다는 사람은 주위 동료들이 하나둘 퇴근하는 모습을 볼 것이다. 개중에는 성실한 그에게 자신의 뒷일까지 부탁하고 가는 사람도 있을 것이다. 무슨 일이든 확실히 마무리하고 다음 날 업무준비까지 해야 홀가분하게 퇴근할 수 있다는 그가 결국 이것저것 떠안았다.

그 순간 누군가 '알아주지도 않는데 왜 당신 혼자 열심이냐. 윗사람에게 잘 보일 일이라도 있냐'며 비아냥거리고 지나갔다면?

매번 이런 말을 들으면 아무리 의욕적인 사람일지라도 의욕이 꺾이게 된다.

'나 혼자 이 시간까지 이게 뭐야.'

'이렇게 고생한다고 알아줄 사람도 없고, 멍청한 짓이지.'

이런 생각을 들게 한다면, 그 조직은 이미 지는 경기를 하고 있는 것이다. 끝까지 책임지고 완수하는 풍토, 나아가 그런 사람이 인정받는 조직문화를 만들어야 끝장정신이 살아난다.

PART**3**

'능력'이
없는 것이 아니라
'열정'이
없는 것이다

'우리가 좀 한다'고 안주하기 시작하면 조직은 순식간에 관료주의에 잠식돼 무너지고 만다.
결재라인은 점점 복잡해지고 스피드는 둔화된다. '이대로 둬도 잘 굴러간다'는 생각이 사람
들을 지배하기 시작하면 고객의 요구나 불만사항, 직원들의 의견은 쉽게 무시돼버린다. 새
로운 선택지가 나타나도 안주하는 쪽을 택하지 낯선 길에 대해 고민하려 하지 않는다. 피곤
하게 생각하는 것 자체를 '잘못된' 것이라고 말한다. 그러면서 점차 새로운 생각을 받아들
이지 않는 쪽으로 조직 풍토가 굳어져간다.

"그들은 해오던 것을 보여주며 '이렇게 해야 한다'고 말했다. 그러나 나는 기존 기업들이 해오던 방법과 달라야 그나마 살아남을 수 있다고 생각했다."

−스티브 잡스

'우리가 좀 한다'고
생각하는 순간
운이 떠난다

스마트폰이 국내에 출시된 지 2년 반 만에 가입자가 3,000만 명을 넘어섰다. 누구도 예상 못했던 폭발적인 증가세다.

과거의 휴대전화 시장에서 세계적인 강자는 누가 뭐래도 노키아였다. 제지회사로 출발한 노키아는 시장의 흐름을 읽어 휴대전화 제조로 세계를 제패했고, 그들의 드라마틱한 혁신은 21세기 초반만 해도 가장 '핫'한 성공사례로 통용됐다. 그러나 14년간 지켜오던 1위의 아성은 스마트폰의 등장과 함께 무너지더니, 걸핏하면 M&A설에 휩싸이는 신세가 됐다. '휴대폰 = 노키아'라는 등식이 성립되던 2000년대 초반과 비교하면 상황이 달라져도 너무 달라졌다.

그들의 실패가 더욱 뼈아픈 이유는, 모든 조건이 충분했는데도 단한 가지 문제를 극복하지 못해 무너졌기 때문이다. 그것은 바로 '자기만족의 문화'였다.

노키아에서 스마트폰 개발 분야 마케팅을 담당했던 아리 하카라이넨(Ari Hakkarainen)은 2010년 9월 〈뉴욕타임스〉와의 인터뷰에서 이렇게 말했다.

"노키아는 2004년 애플이 아이폰을 출시하기 몇 년 전부터 터치스크린을 갖춘 스마트폰을 개발했다. 그러나 경영진은 수익성이 악화된다는 이유로 개발에 반대했다."

그의 말대로 노키아는 아이폰이 나오기 7년 전에 컬러 터치스크린이 있는 휴대전화를 선보였다. 인터넷이 가능해 음식점을 찾고 메뉴도 주문할 수 있는 장비였다. 심지어 그들은 1990년대 후반 무선인터넷이 연결되고 터치스크린이 탑재된 태블릿컴퓨터를 비밀리에 개발했다. 오늘날의 아이패드와 같은 제품이다. 그러나 당시 누구도 터치스크린의 잠재력에 대해 제대로 알지 못했던 터라, 리스크가 크다고 판단한 경영진은 '늘 하던 대로' 생산 진행을 부결시켰다.

이처럼 노키아가 스마트폰 시대에 적응하지 못한 이유는 현실에 안주하는 안이함 때문이었다. 대표적인 예가 온라인 어플리케이션 장터 설계안을 부결시킨 것이다. 애초에 담당 팀은 애플의 앱스토어보다 3년이나 앞서 이 개념을 제시했으나 경영진은 저가 모델을 대량생산하는 기존의 방식에 안주하며 혁신을 등한시했다. 모바일 컴퓨팅 운용체계(OS)인 '심비안'을 개선하기 위한 아이디어가 500여

개나 나왔으나 경영진으로부터 단 하나도 승인받지 못했다. 지나친 안정 추구에 구소련을 연상시키는 관료주의까지 더해져 아이디어들이 발전하는 경로를 차단하고 고사시켰던 것. 혁신기업의 대명사로 불리던 노키아가 몰락하는 과정을 내부에서 겪은 하카라이넨의 말에는 답답함을 넘어 안타까움이 묻어난다.

"제안된 아이디어들은 수익성을 크게 기대할 수 없다는 이유로 퇴짜를 맞곤 했다. 그러나 성공적인 혁신은 종종 작은 것에서부터 시작하지 않는가?"

세상이 삼성과 애플의 성장에 스포트라이트를 비출 때, 노키아는 소리 소문 없이 주저앉고 있었다. 미래를 준비하는 작은 성공은 무시한 채 현재의 성공에만 관심을 집중시키는 안일함, 현실에만 안주하려는 고질병이 노키아를 잠식한 것이다. 그들의 사례는 성공에 안주하는 것이 얼마나 위험한지를 단적으로 보여준다. 핀란드 경제학자 알리-이르코(Jyrki Ali-Yrkkö)는 "노키아는 자신의 성공에 희생된 피해자"라고까지 했다.

실패에서 성공의 씨앗을 얻어 성공한 개인이나 기업들은 쓰디쓴 실패의 경험을 뼛속 깊이 새겨놓았기 때문에 '안주'라는 함정에 쉽게 빠지지 않고 변신을 추구한다. 그러나 오랫동안 성공을 구가해온 조직은 자신의 방식에 너무 오래 안주해온 탓에 시대에 맞춰 변화하는 법을 잊어버리곤 한다. 한번 크게 성공해 도약한 경험이 있는 기업도 수익성이 어느 정도 보장되면 가진 것을 잃을까 봐 변신을 두려워한다. 비용이 들면 반대부터 한다. 파이가 큰 것에 집중한다며 기존의 히트상품에만 계속 기댄다. 새로운 판세를 만들어낼 시장? 그런 것은 너무 위험하다고 생각한다. 당연히 실패가 따르게 마련인 새로운 투자는 모두 보류된다. 나아가 덩치까지 크다면 그 조직은 의사결정과 일의 속도가 형편없이 떨어진다. 지속성장을 위해 지속적인 혁신을 해야 할 필요가 있다는 점을 인식하는 데도 둔감해지기 쉽다.

현실안주는 과거의 성공이 미래를 망치게 하는 것이다. '노하우를 지킨다', '기존의 방식을 따르는 것이 기업문화를 지키는 것이다'는 그럴듯한 명분을 내세워 과거의 사고와 방식을 고집하면서 실제로는 후퇴하고 쇠퇴하는 것이다.

성공에 안주하는 조직을 보면 몇 가지 특징이 있다.

일단 거품이 잔뜩 끼어 있다. '리더'라는 이름의 기득권자들이 자리를 잡고 있으면서 절차도 괜히 복잡하게 밟도록 해 실무자를 지치게 한다. 일 처리하는 시간은 점점 길어지고, 저렴하게 할 수 있는 일들도 제대로 해야 한다며 고가를 들인다. 그 와중에 성공의 '증거'는 끊임없이 제시해야 하기 때문에 시간에 쫓겨 실적을 내느라 부서 간의 협조는 사라지고 이기주의만 팽배하게 된다. 다른 부서의 목표 달성에 협력하면서 목표를 초과 달성할 생각은 하지 않고, 다른 부서의 발목을 잡아 결국 자기 부서의 목표도 달성하지 못하게 된다.

이런 사람들이 전사적인 문제해결이라고 두 팔 걷고 나서겠는가. 협업에서 오는 성과보다는 일이 중복되고 비용이 이중으로 발생하는 불협화음이 더 크다. 각 부서들이 똑같은 일을 따로따로 되풀이하다 보니 시간과 돈만 낭비된다.

왜 이렇게 낭비할까? 그렇게 해도 될 만한 위치라고 생각하기 때문이다. 새로운 혁신을 시도하면 실패할지 모른다고 전전긍긍하면서, 한편으로는 방만하게 해도 무너지지 않을 것이라 생각한다. 대마불사론이 고개를 드는 것이다.

'우리가 좀 한다'고 안주하기 시작하면 조직은 순식간에 관료주의에 잠식돼 무너지고 만다. 결재라인은 점점 복잡해지고 스피드는 둔화된다. '이대로 둬도 잘 굴러간다'는 생각이 사람들을 지배하기 시작하면 고객의 요구나 불만사항, 직원들의 의견은 쉽게 무시돼버린다.

대마불사론이 기승을 부리는 조직에서 혁신을 기대하기란 어렵다. 새로운 선택지가 나타나도 안주하는 쪽을 택하지 낯선 길에 대해 고민하려 하지 않는다. 피곤하게 생각하는 것 자체를 '잘못된' 것이라고 말한다. 앞서 노키아의 사례가 생생한 예다. 그러면서 점차 새로운 생각을 받아들이지 않는 쪽으로 조직 풍토가 굳어져간다.

성공에 취해 혁신을 거부하는 이들이 하는 말은 대개 이렇다.

'나는 이 업계에 대해 누구보다 잘 안다.'

'이 업계는 원래 그렇다. 이 바닥에서 살아남으려면 어쩔 수 없다.'

'아직 이쪽의 생리를 모르니까 그런 말을 하지.'

'내 방식대로 해서 이 자리에까지 올라왔으니, 딴소리하지 말고 내 말 들어!'

새로운 생각은 결코 들어오지 못하도록 철벽을 쌓고 있는 형국이다. 그러면서 서로가 서로에게 '지금 이대로 하는 게 회사를 위하는 길'이라고 세뇌시킨다. 리더는 도전할 목표를 제시하지 않고, 구성원은 최고를 지향하지 않는다. 자신이 다루기 쉬운 사람들하고만 일하려고 하고, 조금만 기존의 틀에서 벗어나면 제재를 가한다.

위기는 현실안주의 틈새를 비집고 서서히 밀려오는 법이다. 문제가 터지고, 고객이 이탈하고, 사업은 부진에 빠지면서 선순환이 악순환으로 변질된다.

그 첫 징조는 젊은 인재가 떠나는 것이다. 나이 어린 인재를 말하는 것이 아니라 도전정신으로 무장한 '생각이 젊은' 인재들 말이다. 새로운 도전으로 자신도 무언가 성취하고 싶고 성공의 기회를 잡고 싶은 인재들에게 '위험을 감수하고 도전해야 할 시기는 이미 지났다'고 말하는 조직이 무슨 의미가 있겠는가. 무덤 같은 조직에서 좌절하다 떠날 뿐이다.

생각이 젊은 인재가 빠져나간 조직은 늙은 생각이 지배하면서 빠르게 쇠락하기 시작한다. 사태가 이렇게 됐다고 남은 이들이 긴장할까? 천만의 말씀. 말 많고 성가신 사람이 없어졌으니 '앓던 이 빠진 듯' 시원하다고 한시름 놓을 뿐이다. 늙고 비대해진 채 자기만족에 빠져 점점 변화를 거부하며 고객들과 멀어지게 된다. 노키아가 그랬듯이.

후발주자로 시작해 온갖 난관을 극복하면서 기업을 성공궤도에 올려놓은 CEO들을 만나면 공통분모가 있다. 업계의 고정관념에 항상 도전해왔다는 것이다.

"그들은 해오던 것을 보여주며 '이렇게 해야 한다'고 말했다. 그러나 나는 기존 기업들이 해오던 방법과 다르게 해야 생존이라도 할 수 있다고 생각했다."

스티브 잡스의 말이다. 그도 항상 고정관념에 도전했던 CEO였다. 현재 시장에서 잘 먹히고 있는 사례를 보여주며 '이렇게 하자'고 할 때마다 그는 '왜 꼭 그렇게 해야 하느냐'고 반문했다고 한다. 새로운 판을 벌여야 승산이 있다고 생각한 그는 어떻게든 다른 방법을 생각했다. 집착에 가까운 그 노력으로 세상을 바꿨다.

선두에 있다고 해서 언제까지나 그 자리에 있을 것이라 장담할 수 없다. 어딘가 다른 기업이 더 열심히 하면 앞질러 위에 오르게 돼 있다. 지금 여기서 우리 생각이 더 젊어지지 않으면 누군가가 곧바로 우리를 추월할 것이다.

기존의 성공에 심취해 실적이나 숫자상의 기록만 중시하다 보면 선행기술이나 원천기술을 확보하는 대열에서 밀려나게 된다. 선두기업이라도 이렇게 한번 뒤처지면 10년, 20년 이상 고생을 각오해야 한다. 영원히 내리막길로 들어서는 경우도 비일비재하다. 한번 길들여진 체질을 바꾸기는 쉽지 않기 때문이다.

방법은 애초에 안이함이 끼어들 틈을 주지 않는 것뿐이다.

'몇 년만 있으면 정년이니 조금만 더 버티자', '지금 이 상태로 있다가 적당히 물러나면 되지' 하는 생각이 지배하는 회사는 시장이 용인하지 않는다.

반면 성장하는 회사에는 100년 후에도 살아남을 회사를 키우겠다는 자부심과 후배들이 긍지를 갖고 일할 수 있는 회사를 만들겠다는 정신으로 충만한 인재들이 있다. 그런 인재들이 조직을 젊게 만들고, 자기 자신도 젊게 만든다.

의식이
깨어 있는 조직은
두려울 것이 없다

일본전산은 삼류 직원을 뽑아서 일류 인재로 키우는 것으로 유명하다. 이는 볼품없는 작은 회사에 지원하는 인재가 없어서 하게 된 불가피한 선택이었지만, 근저에는 의지에 대한 굳은 믿음이 있었기에 가능했던 일이다. 나가모리 사장은 "기능이나 기술의 격차는 기껏해야 5배를 넘지 못한다. 그러나 의식은 개개인마다 100배 이상 차이가 난다"고 말한다. 비록 능력은 조금 부족해도 의식의 힘을 키우는 조직풍토가 있다면 얼마든지 격차를 극복하고 앞서 나갈 수 있다는 것이다.

번성하는 기업에는 하나같이 지속적인 의식개혁 풍토가 자리 잡고 있다. 위기 때마다 생존하는 기업은 예외 없이 안주하는 것을 가장 경계하며 변화하는 기업들이다. '중성자탄 잭'이라는 달갑지 않은 별명의 잭 웰치(Jack Welch)는 생존을 위해 비정하리만치 단호한 결단을 많이 내렸다. 일례로 그는 GE 회장으로 재임하던 시절 '1등 또는 2등 전략'으로 구성원들을 몰아붙였다. 자신의 사업분야에서 2등 안에 들지 못하면 매각하거나 정리하는 전략이니, 직원들로서는 어떻게든 최고가 돼야 했다.

기발한 아이디어, 뛰어난 인재보다 더 중요한 것이 바로 '깨어 있는 기업풍토'다. 변화를 추구하는 풍토가 있는 기업은 위기에 강한 인재들로 가득하고, 불황이 오면 오히려 더 빛을 발한다. 반면 기업 풍토가 나쁜 조직에서는 기발한 아이디어와 인재들도 오래가지 못하고 시들어버린다. 고민해서 낸 아이디어를 '현실을 모르는 발상'이니 '해봐야 헛수고'니 하며 묵살하는 분위기가 용인된다면 다이아몬드 원석들도 모두 쓰레기통에 버려질 것이다. 이처럼 어리석은 커뮤니케이션이 기를 펴지 못하도록 리더부터 구성원까지 노력해야 한다.

그렇다면 어떤 기업풍토 아래에서 아이디어와 인재가 꽃피울 수 있을까? 바로 답이 나올 때까지 생각하고 끝까지 결과를 내는, 끝장 정신이 살아 숨 쉬는 기업문화다.

인재가 크고 기업이 살아남기 위해서는 현실에 안주하고 지금의 자리만을 지키려는 고루하고 진부한 문화를 날려버려야 한다. 새로운 아이디어와 생각들이 제대로 클 수 있는 의식개혁의 기업풍토로 개토작업을 해야 한다.

어떤 회사에서 어떤 업무를 맡았든 그 일은 당사자에게 소중하다. 그런 의미에서 일은 인생의 꽃이다. 회사나 조직이 성공하려면 자기 일에 대한 자부심과 긍지를 가진 사람들이 많이 모여야 한다. 그런 사람들은 끊임없이 변신을 추구하는 의식개혁 문화를 한층 더 강화한다. 각 개인들의 뛰어난 능력과 창의적인 싹이 꺾이지 않고 팀으로 조직으로 크게 발휘되도록 존중되는 기업풍토를 만들어나간다. 그럼으로써 개인의 능력에만 의존하는 여타 회사와는 다른 조직으로 발전한다.

크게 성공한 사람들은 어딜 가도 성공할 수 있는 긍정적인 열정을 가지고 있다. 연예기획사 JYP의 박진영 프로듀서는 가수 '비'를 가리켜 "가수가 아니라 세탁소를 해도, 식당을 해도 성공했을 것"이라고 말했다. 그만큼 성공하려는 의지가 강하고 노력도 많이 한다는 것이다. 이처럼 긍정적인 열정이 충만한 사람은 어디를 가도 평균 이상은 한다.

하지만 개인의 끝장정신만으로는 한계가 있다. 조직 전체에 성과를 내려는 의지가 가득 차 있고 그에 걸맞은 노력이 있어야 한다. 비가 아무리 열정이 충만하다 해도 최고의 연예기획사에서 혹독한 훈련과 지원을 받지 않았다면 세계적인 가수로 성장할 수 있었을까?

이런 인물들이 기업이나 조직에 들어와 실력을 발휘하며 위대한 인물로 성장할 수 있도록 뒷받침하는 기업풍토가 있어야 한다.

경영사상가 짐 콜린스는 "GE가 있었기에 잭 웰치가 존재할 수 있었다"고 말했다. 물론 잭 웰치는 어디를 가도 성공할 사람이다. 그러나 변변찮은 기업풍토를 가진 회사에 들어갔다면 한 시대를 풍미하는 경영자로 성장하기는 어려웠을 것이라는 의미다. 잭 웰치의 위대함보다 잭 웰치를 만들어낸 GE의 기업문화가 위대하다는 뜻으로도 해석된다.

잘되는 조직들은 논쟁 속에서도 결과적으로는 아이디어를 내 모두가 한 단계 높은 새로운 차원으로 발전하는 길을 선택한다. 이 과정에서 리더는 변화와 혁신을 주도함과 동시에, 전체 구성원의 사기를 진작하기 위해 자신을 희생해가며 적극적으로 사람들을 챙긴다. 이런 노력은 직원들이 생각하고 고민하면서 일에 집중할 수 있도록 만든다. 아울러 전사적으로 당면문제뿐 아니라 미래를 위해 끊임없이 해법을 찾아 움직이게 하는 동인(動因)이 된다.

잘되는 조직에는 항상 적절한 긴장감이 있고, 벅찬 도전이 있고, 희열이 있다. 실패는 기필코 만회하고 위기 때마다 스스로 혁신과 변화를 통해 전사적으로 극복하는 기업문화가 있다. 남들보다 싸게 만들기, 남들보다 빨리 만들기로 잠깐 동안은 성공할 수 있다. 그러나 일에 대한 생각, 일하는 방식, 품성과 태도를 결정하는 의식의 차이에서 격차를 민들어내지 않으면 오래가지 못한다. 남들이 넘볼 수 없는 수준으로 오르는 것은 강력한 의지를 만들어내는 의식의 차이에서 나온다. 그리고 그 의식은 기업풍토에서 만들어진다.

2004년에 IBM이 PC사업분야를 매각한 것은 IT업계에 큰 충격을 주었다. IBM은 컴퓨터산업에서 전설과도 같은 기업이니 그 여파가 어떠했을지 짐작이 갈 것이다.

그러나 IBM은 매각을 수년 동안 준비해온 것이었다. 그들은 이미 IT환경이 근본적으로 변화하고 있다는 것을 감지하고 '온디맨드(on demand)' 전략을 차세대 비즈니스 전략으로 천명한 터였다. 샘 팔미사노(Sam Palmisano) 전 회장이 당시 구성원들에게 보낸 메시지에는 환경변화에 대응하는 의식개혁 의지가 강하게 드러난다.

"IBM의 비즈니스가 모든 산업에 적용할 수 있게 하기 위해서는 지속적으로 기술, 제품, 문화, 비즈니스 포트폴리오를 혁신해나가야 한다. 우리가 추구하는 온디맨드는 하드웨어는 물론 어플리케이션, 솔루션 등 전산자원과 서비스를 소비자가 원하는 대로 골라 쓸 수 있게 할 것이다. 그러나 PC 사업은 이 모델에 맞지 않는다."

비단 IBM뿐 아니라 어느 기업이든 영속적인 활동을 위해서는 시대에 따라 사업 포트폴리오를 조정 및 재편해야 한다. 그리고 이는 의식개혁 풍토에서 나오는 전사적인 결단과 실행으로 가능하다. 필름카메라에서 디지털카메라로, 브라운관TV에서 액정TV로의 시장변화, 대용량 PC에서 태블릿컴퓨터로, 유선전화에서 스마트폰으로…

숨 가쁘게 이어지는 변화의 격랑 속에서 살아남은 기업들과 사라진 기업들을 하나하나 거론하지 않더라도, 우리 주위를 살펴보면 느낄 수 있을 것이다. 의식개혁의 풍토가 탄탄하게 자리 잡고 있는 기업들만 변신에 성공하고 시대를 초월해 살아남는다.

반면 반짝 성공한 중소기업이나 잘나가던 대기업이 무너질 때는 공통의 적신호가 감지된다. 조직이 변화를 회피하고 리더들이 혁신을 챙기지 않는다는 것이다. 중간관리자들은 문제를 알면서도 외면한다. 조직에 문제회피형, 적당타협형, 과실투쟁형들이 우후죽순처럼 자라는 형국이 된다. 개인 이기주의와 부서 이기주의가 판치는 것도 한 형태다.

개인과 전체가 살기 위해서라도 조직에 협력발전형이 많이 나와야 한다. 1945년부터 20여 년간 보잉사의 CEO를 역임했던 빌 앨런(Bill Allen)은 직원들을 언급하며 "보잉은 항상 미래를 추구하고 있다. 이것은 일과 함께 생활하고 숨 쉬며 먹고 자는 사람들에 의해서만 달성될 수 있다. 나는 항공의 세계와 함께 숨 쉬며, 지식을 갖추고 헌신하는 많은 직원들을 알고 있다"고 말했다. 이익실현 욕구뿐 아니라 그 이상의 존재 이유가 있었기에 보잉은 위기를 극복하면서 제트비행기를 테스트했고, 747 같은 최고의 모델을 만들 수 있었다.

속도와 품질 모든 면에서 획기적인 성장을 요구하는 시대다. 이 엄혹한 환경에서 살아남기 위해서는 변화의 속도를 두려워하지 않는 의식개혁의 풍토가 절실하다. 내부에서 문제점을 꺼내놓고 끊임없이 완성도를 높여가고, 새로운 가치를 만드는 혁신을 계속해야 한다. 끝없는 도전으로 도약의 모멘텀을 만드는 것 이외에는 다른 방법이 없다. 그런 가운데 새로운 가치가 만들어지고, 새로운 기회를 얻을 수 있다.

당신의 일터는
완전연소해도
후회 없는 곳인가?

의대생들은 의사로서 첫발을 내디딜 때 히포크라테스 정신에 입각해 선서를 한다. 경영자들을 대상으로 특강을 할 때 나는 경영자들도 기업가정신에 입각해 '경영자 선서'를 낭독해야 한다고 말하곤 한다.

경영자는 자신의 철학으로 비전을 세우고 많은 사람들을 배에 태우고 먼 항해를 떠난다. 그 배에 탄 사람들은 저마다 각자의 인생을 걸고 있다. 그리고 의사의 손에 사람의 생명이 걸려 있듯이, 기업을 진두지휘하는 경영자의 손에 직원들의 인생이 걸려 있다. 따라서 직원 개개인의 인생 항로를 책임진 경영자는 당연히 히포크라테스 정신 못지않게 투철한 책임감을 가져야 한다.

수많은 우여곡절을 겪고 위기를 극복하면서 한 계단씩 상승하는 역동적인 기업에는 투철한 기업가정신이 저변에 흐르고 있다. 리더의 정신이 회사 전체로 녹아든 조직은 생기가 있다. 비록 굴곡은 있을지라도 성장 그래프는 위로 향한다.

21세기는 인재경쟁 시대다. 리더와 인사담당자들이 현장에 나와 직접 인재를 찾는 시대다. 그러나 본질을 생각하면 사람이 경쟁력이 아닌 때가 있었는가? 리더들은 항상 '어디 일 잘하는 직원 없나' 하고 목을 빼고 인재를 찾는 데 골몰해왔다. 아무에게나 투자할 수는 없으니, 자기 조직에 맞는 인재를 골라 버스에 태우는 데 혈안이 돼 있다. 어렵고도 중요한 일이다. 현장에서 만나는 인사담당 임원들은 이구동성으로 "우리 때와 비교해 월등히 우수해 보이는 유능한 인재들이 많다. 그러나 긴 호흡으로 같이할 인재를 찾기는 생각보다 쉽지 않다"고 하소연한다.

오늘날 기업이 필요로 하는 인재는 몇 가지 특징이 있다. 과거와 달리 엄청난 변화 스피드를 따라가고 롤러코스터 같은 실적의 굴곡을 이겨내야 한다. 그런 내공이 있는 인재는 시키는 대로, 해왔던 대로 충실히 따랐던 과거의 인재들과는 질적으로 다르다. 적절한 긴장감을 유지하면서도 긍정적 마인드에서 나오는 열정을 갖춘, 리더의 러닝메이트라 할 수 있다.

이런 사람이 어디 흔하겠는가. 스펙은 이력서 한 장에 차고 넘치는 젊은이들이 많지만, 말단임에도 경영자와 같은 주인의식을 가지고 회사와 혼연일체가 될 수 있는 인물은 찾기 힘들다. 그래서 이제는 어느 기업이든 '인재영업'을 해야 생존할 수 있다. 인재영업은 러닝메이트가 될 가능성이 있는 인재를 찾아나서는 작업이다. 제품과 서비스를 가지고 영업하는 것과 달리, 인재영업은 기업의 가치관을 가지고 하는 일이다. 사람을 적극적이고 왕성하게 움직이게 하는 것은 돈이 아니라 일에 대한 의미부여와 가치관이다. 어떤 일이든 스스로 가치 있는 일이라고 생각하고 몰입할 수 있다면 충만감을 얻을 수 있고, 성과도 비약하게 된다.

리더의 러닝메이트는 바로 그런 철학을 공유하는 사람이다. 그들은 기업경영의 철학과 기업이 추구하는 가치를 제대로 이해하고 신속하게 실행에 옮긴다. 말하자면 리더의 분신과 같은 존재라 할 것이다. '내가 회사이고 회사가 곧 나'라고 생각하고 동참하는 사람은 훗날 회사의 '전설'이 될 가능성이 높다. 크든 작든 지속적인 성장을 꿈꾸는 회사에는 러닝메이트가 필요하다. 될성부른 인재를 영입하는 것에 그치지 않고, 회사를 살리는 러닝메이트로 만들어야 한다.

뜨겁게 일하는 직원 뒤에는 뜨겁게 투자하는 리더가 있다

하지만 우리 주변에 '내가 곧 회사이고 회사가 곧 나'라고 생각하는 사람들이 얼마나 있을까. 인간은 누구나 의미 있는 일을 하고 싶어 하고, 일터에서 그 의미를 발견하고 싶어 하지만 현실은 결코 이상적이지 않다. 회사는 비전을 한껏 강조하며 인재를 끌어모으려 하지만, 화려한 미사여구나 구호만 거창하게 내세운다고 해서 인재가 모여드는 것은 아니다. 그렇게 들어온 사람들은 막상 현업에 투입되면 '말하는 것과 실제로 하는 게 다르다'며 실망하고 이탈하기 십상이다.

우수한 인재들이 이탈하지 않고 러닝메이트로 성장하게 하는 방법은 하나, 리더들이 먼저 움직이는 것뿐이다. 사람과 일에 대한 열정을 가진 리더 주변에는 일에 대한 열정이 살아 움직인다. 리더부터 열정으로 애정을 베풀면, 그 기운은 전사적으로 전염된다. 어떤 사람이든 회사나 팀에 대한 애정, 맡은 일에 대한 애정을 품으면 스스로 지혜를 내게 돼 있다. 끝장정신을 발휘해 끝내 제대로 된 답을 가지고 오는 사람은 그만큼 자신의 일과 조직에 열정적인 애정이 있다는 뜻이다.

엔지니어로 시작해 세계적인 모터사이클과 자동차 브랜드를 일군 혼다 소이치로는 생전에 이렇게 말한 적이 있다.

"창업 당시 내가 '세계적인 관점에서 사물을 생각하자'고 하자 어이없다는 듯이 킥킥대며 웃던 녀석들이 있었다."

그는 그래서 똑똑한 사람들에게 같이 일하자고 부탁하고 애원하러 다닐 시간에 차라리 일에 낭만을 걸고 노력해서 끝장을 봐야겠다고 생각했다.

"누구나 다 나름의 노력은 한다. 그러나 작은 노력의 차이로 결과가 달라진다. 결국 끝을 볼 수 있어야 노력다운 노력이다." 그가 말한 '노력의 끝'이란 자신이 그린 그림을 완성해내는 것이다.

혼다 소이치로는 직접 기계를 만들고 기름때에 찌든 장갑과 작업복을 좋아해 '낭만적인 엔지니어'라는 별칭을 얻었다. 그는 자유분방하고 긍정적인 정신으로 흔들림 없이 자신의 길을 개척해온 인물이다. 자동차를 향한 그의 도전정신은 많은 사람들에게 큰 영감을 주었다. 자동차 수리공으로 출발해 엔진이 달린 자전거를 직접 만들고, 모터사이클로 젊은이들에게 꿈과 낭만을 선사했다. 무모하다는 모터사이클 레이싱에 도전해 세계를 제패하고, 선진국들이 철옹성을 쌓고 있던 자동차 업계에 진출해 세계적인 기업으로 성장했다.

그가 직원들의 가슴에 뜨겁게 불을 지른 에피소드가 있다. 정부를 비롯해 일본의 모든 여론이 반대한 자동차 시장 진출기다.

자동차 수리와 부품생산을 하던 혼다는 나이 마흔에 히트상품을 만들었다. 자전거에 보조 동력장치, 말하자면 소형 엔진을 직접 개발해 달아서 판 것이다. 1961년에는 모터사이클 레이싱에서 세계를 제패해 최고봉에 올랐다. 그것도 1~5위까지 석권할 정도의 독보적인 실력이었다. 그리고 이듬해 혼다는 주주총회날 차를 몰고 자동차 경기장에 나타나 자동차 시장 진출을 선언했다.

그러나 정부의 입장은 부정적이었다. 당시 일본에만 도요타, 닛산을 비롯해 7개사가 자동차 시장에서 치열한 경쟁을 하고 있었다. 거기에 혼다까지 뛰어들자 관련단체는 물론 정부와 협회도 모두 입을 맞춘 듯 불가론을 냈다.

"미국 시장에서 살아남으려면 기술력을 키워야 한다. 자동차 7개사를 3개사로 정리해 국가적으로 경쟁력을 키워야 한다."

일본 정부의 입장은 소수 업체에 경쟁력을 집중해 수출을 늘리겠다는 것이었다.

혼다 소이치로를 포함한 직원들은 절망했다. 그러나 그는 거기서 포기할 사람이 아니었다. 과거 세계 오토바이 시장을 제패하겠다고 하자 '일본의 일개 회사가 선진국의 기술력을 따라잡겠다니 당치도 않다'는 핀잔을 들여야 했던 혼다였다. 그것을 극복하고 오토바이로 최고봉에 올랐다. 그들에게는 비록 오토바이 엔진이지만 엔진을 만들 수 있는 기술, 세계를 제패한 최고 수준의 엔진기술자도 있었다. 조립과 정비의 달인들도 있었다. 그들은 전인미답의 한계에 도전해 세계 최고에 오른 팀이었다.

정부관료들의 '절대불가'에는 변함이 없었다. 국회도 반대했다. 혼다 소이치로는 고심했다.

그러던 중, 문득 유럽여행 때 본 F1이 생각났다.

'그래, 우리의 돌파구는 F1이다. 허가를 기다릴 필요 없이 우리 스스로 F1으로 가자. F1에서 승리해 우리 힘으로 자동차를 만들 수 있다고 증명하자. 거기서 세계를 제패하면 길은 분명히 열린다.'

한계에 도전해왔던 직원들은 '누구도 가지 않은 길'에 대한 도전 선언에 열광했다. 용광로 같은 조직은 마침내 F1에서 승리했고, 그 다음부터는 혼다의 자동차 시장 진출을 누구도 반대할 수 없었다.

어떤 자동차 회사도 그들처럼 거꾸로 걸어서 자동차 시장에 진출 하지 않았다. 그러나 그들은 그렇게 했다. 리더의 열정이 조직 전체 를 용광로로 만들었기 때문에 가능한 일이다.

혼다 소이치로는 생전에 "내 어린 시절 꿈은 오토바이, 그다음에 는 자동차, 그다음에는 비행기를 만드는 것이었다"고 했다. 그 꿈을 뜨거운 가슴으로 이어받은 혼다 엔지니어들은 오토바이, F1, 자동차, 그리고 지금 제트비행기의 꿈을 실현하고 있다.

혼다 소이치로는 엔지니어로서 꿈을 이루기 위해 마케팅과 경영 관리를 후지사와 다케오(藤澤武夫)에게 맡겼다. 나중에는 경영 전반 을 후지사와에게 맡기고 자신은 CEO라는 자리보다 엔지니어 역할 을 고집했다. 그는 새로운 것을 만드는 데 여념이 없는 직원들과 지 내기를 즐겼다. 호통 치는 경영자이기도 했지만, 권위나 겉치레를 중 시하지 않았다. 그는 "사장이라고 그리 대단한 것은 아니다. 과장, 부장, 맹장, 된장 같은 거다. 명령체계나 조직을 가지런히 하기 위한 기호에 불과하다"고 말할 정도로 엔지니어들과 현장을 챙겼다. 소위 '기술쟁이'로서 죽는 날까지 기술개발을 즐기고 전념하고자 했다. 그 래서 그를 잘 모르는 사람들에게 '사장답지 않은 사장'이라는 비웃

음도 샀지만, 직원들에게는 '영원한 아버지', '아버지 이상의 아버지' 라고 불렸던 CEO였다.

혼다의 엔지니어들이 세계 최고의 엔진을 만들어낼 수 있었던 동기부여는 일에 인생을 건 혼다 소이치로의 뜨거운 가슴에서 나온 것이다. 리더가 나서서 사람과 일에 대한 열정을 쏟는 곳에는 항상 일에 대해 넘치는 열정을 보이는 인재가 가득하다. 사람을 좋아하는 사람만이 사람을 얻는 법이다.

우리가 속한 조직이 법인이든 개인이든, 공기업이든 사기업이든, 크든 작든 경영자부터 평사원에 이르기까지 모두는 그 주체와 함께 뛰는 러닝메이트다. 그러나 러닝메이트들도 차이가 있다. 근무시간이 끝나면 회사고 일이고 질색이라며 생각하기도 싫다는 사람이 있는가 하면, 회사 일이라면 개인 용무도 제쳐두고 발 벗고 나서는 사람들도 있다. 항상 일을 머리에 담아두고 사는 사람들이다. 매번 승리하는 쪽은 정해져 있다. 당연히 애착을 가진 사람이 아이디어도 많고 해결책도 많이 만들어내지 않겠는가? 생각을 달고 다니다 보면 우연히 사물을 보다가도 힌트를 얻게 되고, 그것이 해결의 실마리로 이어지기도 한다.

실적이 좋고 성장하는 조직과 점점 쪼그라드는 조직에 가면 느껴지는 아우라가 다르다. 그 시발점은 리더가 직원들을 얼마나 챙기고 있느냐다. 리더십의 대가인 켄 블랜차드는 "자신을 위해 직원이 존재하는 것이 아니라, 사람들을 위해 자신이 존재한다고 생각하는 리더가 돼라. 직원들에게 방향을 제시하고 도움을 주는 것이 리더의 덕목"이라고 말했다.

일에 대한 열정을 보이는 인재들 뒤에는 항상 인재에게 아낌없이 투자하는 리더가 있다. 물론 이것은 금전적인 보상만을 의미하는 것이 아니다. 연봉 순서로 성공 여부가 결정된다면 크고 복지 좋은 기업들만 살아남지 않겠는가? 창고에서 시작해 성공하는 위대한 기업의 성공신화도 없었을 것이다. 월급만 많이 주는 것이 아낌없는 투자는 아니다. '살아 있는 경영의 신'이라 불리는 교세라 창업자 이나모리 회장은 '금전적 보상 이상으로 정신적 보상이 중요하다'는 철학을 가지고 있다. 그는 "임직원들에게 고액의 성과급만 줘서 동기부여하는 것은 갈등을 조장하고 조직을 와해시킬 수 있으므로 '회사의 발전으로 내가 성장한다'는 정신적 보상을 주는 것이 중요하다"고 강조한다.

리더의 뜨거운 피는 전염성이 있다

일한 만큼 결과가 나오고 일한 만큼 보람도 느낄 수 있는 회사라면 힘든 것 정도는 이겨낼 수 있다는 게 의욕 있는 사람들의 공통된 의견이다. 처음부터 모든 것에 만족하기 어렵다는 것은 그들도 잘 안다. 이때 리더가 솔선수범하는 모습을 보이면 신뢰가 높아져 고난의 길에 기꺼이 동행하게 된다. 그 과정에서 자신의 능력이 향상됐다고 느낄 때 의욕적인 사람은 더 큰 동기부여가 된다. 반대로 리더는 손 놓고 있으면서 직원에게만 잘하라고 다그치면 좌절 속에 조직을 떠날 것이다.

의욕적인 사람의 가슴을 더욱 뜨겁게 만드는 것은 '좋은 리더와 같이 뛴다'는 느낌이다. 이런 회사는 사람과 함께 성장하고, 나중에 기업이 커지면서 성장을 일군 사람들은 업계의 전설이 된다. 그런 조직을 이끈 경영자는 시대의 인물이 되고, 그 이후에 합류하는 사람들은 그들과 같이 일하는 것이 영광이 된다. 지속성장의 선순환이 만들어지는 것이다.

삼성전자의 반도체 신화를 일군 황창규 전 사장은 가슴 뛰는 비전으로 미래의 사업을 개척한 대표적인 인물이다.

기술력, 사람, 첨단 기술장비 등으로 무장한 반도체 기업들이 즐비하던 1990년대, 삼성은 업계에서 이제 막 걸음마 단계였다. 모든 것이 초라했지만, 그는 '미래의 기술에 도전한다'는 비전을 갖고 직원들과 연구를 거듭했다. 직원들을 동기부여하기 위해 선진기업의 엔지니어들에게 사정해가며 기술 간담회를 열기도 했다. 직원들이 반도체에 눈을 뜨고 세계의 업계 흐름을 공부할 수 있도록 한 것이다. 엔지니어로서의 능력 외에 그의 뛰어난 리더십을 읽을 수 있는 대목이다.

일본의 도시바나 NEC 등 굴지의 기업들이 상대도 해주지 않았지만, 그에게는 꿈이 있었고 그의 열정은 수십 명의 연구원들에게도 그대로 전염됐다. 2년여의 치열한 연구 끝에 마침내 그의 연구팀은 1994년에 세계 최초로 256MD램 개발에 성공했다. 임원 자리를 마다하고 수석부장 자리를 고집하며 연구원들과 동고동락한 결과였다.

2002년 초, 그는 "앞으로 반도체 메모리의 용량은 매년 2배씩 증가할 것"이라고 장담했다. '황의 법칙'으로 유명한 그의 예언은 당시로서는 믿기 어려운 황당발언 같았지만, 직원들은 새로운 비전과 목표를 추구하자는 리더의 말에 조금씩 물들고 전염됐다. 그리고 그들은 하나 된 힘으로 꿈같은 이야기를 이뤄냈다. 그가 이끈 삼성의 반도체사업부는 1999년 256M 낸드플래시메모리를 개발한 데 이어 2000년 512M, 2001년 1Gb, 2002년 2Gb, 2003년 4Gb, 2004년 8Gb, 2005년 16Gb, 2006년 32Gb, 2007년 64Gb로 매년 예언을 현실로 만들어냈다. 뜨거운 리더와 뜨거운 러닝메이트들의 신뢰가 없었다면 불가능했을 일이다. 집요하고 끈질긴 시간과의 싸움, 치열한 연구의 연속이었지만, 그런 어려움을 '우리는 새로운 길을 개척한다'는 낭만으로 승화시킨 결과물이다.

세계적인 안무 지위자인 트와일라 타프는 《여럿이 한 호흡》에서 "공연은 환상이 아니라 견고하고 현실적이며 고된 협력의 결과"라고 말했다. 무대에서 불완전한 개인들이 모여 완벽한 우리가 되어야 성공적인 공연이 가능하듯이, 조직도 마찬가지다. 비즈니스 무대에서 펼쳐지는 공연을 완벽하게 실현시키기 위해서는 다수를 설득하고 열정으로 물들게 하는 뜨거운 비전을 제시할 수 있어야 한다. 우리가 하는 일이 무엇이고 존재 이유가 무엇인지 설명하고, 우리의 업(業)은 무엇이고 우리는 어떤 회사를 만들고 싶은지를 분명히 해야 한다.

그것들에 공감하고 감동받은 인재들이 모여서 같이 일할 수 있도록 움직이는 것이 리더의 중요한 과업이다. 크고 좋은 기업, 기술력 있고 뛰어난 인재로 가득 찬 조직만이 할 수 있는 일은 아니다. 작은 기업이든 큰 기업이든 그 조직이 성공하기 위해서는 리더의 뜨거운 가슴이 필요하다.

한국이 지금 자동차, 가전, 플랜트, 철강, 기계 등의 분야에서 수출강국에 오를 수 있었던 것은 부품, 소재 산업을 키운 국내 강소기업들의 노력 덕분이다.

과거 전자기계 제품을 생산해 수출하려면 일본이나 선진국의 부품을 써야 했다. 소재, 부품, 원천기술에 대한 해외 의존도가 높아 수출을 많이 해도 고스란히 외국에 갖다 바치는 꼴이었다. 기술도 없고, 시설도 없고, 기술자도 부족한 상황에서 우리 기업들은 이를 악물고 오늘날의 성과를 일구었다. 핵심부품은 대부분 일본제품에 의존해야 하는 현실을 보고 '반드시 내가 기술독립을 이루겠다'는 자신과의 약속을 실천한 CEO도 있다. '반드시 후지산을 넘어 세계로 가자'며 직원들을 독려하고, '극일(克日), 기술로 일본을 이겨야 진정한 해방이다'며 투쟁심을 고취시켜 거대한 기업으로 키운 창업주도 있다. 이처럼 수입대체 산업을 일구겠다는 의지와 자부심이 어려움을 극복하게 했다. 구성원 한 명 한 명이 자신의 일을 누구보다 사랑하는 사람이 되면서 일은 낭만이 되고, 결국 불가능해 보였던 미션을 현실로 만들어낸 것이다.

최근 세계적인 불황 속에서도 성장을 지속하고 있는 현대자동차도 처음에는 미국이나 일본의 자동차부품과 엔진을 가지고 차를 만들었던 회사였다. 하지만 고(故) 정주영 회장의 뜨거운 피는 전 임직원들에게 전염돼, 무수한 한계에 도전해야 했던 자동차 엔진에서도 세계 최고 수준에 오르며 '무모해 보였던 일'을 '가능한 일'로 만들어냈다.

예고 없이 위기가 오고 기회가 화살처럼 지나가는 오늘날에는 긍정성을 가지고 극한에 도전해야 할 일도 많다. 우리 주위에 수많은 리스크가 상존하지만, 결국 리스크도 사람이 관리하는 것 아닌가? 사람이 제대로 관리할 수 있게 된다면 리스크헤지(risk hedge)도 가능하다. 그래서 더욱 최악의 상황에서도 기필코 살아남아 이루겠다는 뜨거운 열정이 조직에 퍼져야 한다.

우리 팀이, 우리 조직이 끝장징신으로 무장하고 열정을 불태워 성과의 희열을 만끽하기 바라는가? 그렇다면 스스로 어떤 상황에서도 열정을 잃지 않는 현재의 리더들과 미래의 리더들이 같이 뛰어야 한다. 그러면 우리 조직에 리스크를 감수하면서 함께 뛰겠다는 젊은 러닝메이트들이 또다시 모여들 것이다. 열정은 그렇게 전염된다.

위기를 낳고
기회를 주는 곳은
모두 '현장'이다

'위기에 강한 기업에는 위기에 강한 인재가 많다.'

우리가 종종 듣는 말이다. 말뜻은 대강 알겠는데, 구체적으로 무슨 의미일까? 위기가 발생하는 곳, 즉 '현장'에 강하다는 뜻이다. 현장은 기업의 최전선으로, 고객과 부딪치고 본게임을 하는 경기장과 같다. 따라서 현장을 잘 아는 기업은 일처리에 신속 능숙하며, 인재육성과 고객창출에도 강하다.

현장에는 책상머리에서는 전혀 예상하지 못했던 많은 문제들이 일어난다. 그런 문제들은 대개 남들이 하기 싫어하는 더럽고 힘들고 위험한 일이게 마련이다. 더욱이 신속하게 처리하지 않으면 후폭풍이 일파만파 퍼져나간다.

그래서 강한 기업에 가보면 항상 적절한 긴장감이 흐르고 눈빛들이 살아 있다. 현장의 변화무쌍함을 알기 때문이다. 강한 기업에는 현장에서 벌어지는 일을 잘해 임원까지 오른 이들이 많다. 긴박하게 돌아가는 현장 밑바닥에서부터 단련된 사람들이다. 그들은 현장에서 벌어지는 문제를 외면하거나 덮지 않는다. 문제를 찾아내고 문제해결에 매달리기를 좋아한다. 몸 사리겠다고 남들 눈치만 보고 있는 사람들 눈에는 '사서 고생하는 것'일 수 있다. 그러나 그들은 문제를 해결했을 때의 희열을 선택한다. 이처럼 실패를 두려워하지 않고 도전하는 근성을 갖추고 있다.

리더는 움직여서 현장을 읽고 현장을 장악할 줄 알아야 한다. 가끔 보면 경력이 쌓이고 직급이 오르면서 현장을 멀리하는 이들이 있다. 과학적 관리, 시스템 운운하면서 현장에 가지 않아도 부처님 손바닥 보듯 다 알 수 있다는 식이다.

그러나 현장을 쫓아다니면서 일하는 것은 결코 전근대적 방식이 아니다. 그런 시대는 끝났다면서 현장을 천시하는 순간 그 회사는 망하기 시작한다. 고객 접점이나 현장에서 벌어지는 일을 소홀히 하면 쇠락할 수밖에 없음은 역사의 어느 페이지를 펼치든 확인할 수 있다.

일례로 고대에 강력한 제국을 형성했던 로마인들은 거만해지면서 현장을 등한시해 위기를 자초했다. 자신은 고결한 지위에 올라야 하고 혈통도 성스러운 것이라 여겨 몸으로 싸워서 지켜야 하는 국방을 다른 민족이나 타국 출신 천민들에게 맡겼다. 지금으로 말하면 치안이나 안보와 같은 중대사를 고생스럽고 위험하다는 이유로 외국에 떠넘기고 챙기지 않은 것이다. 기업에서 말하는 고객접점을 소홀히 한 것이다.

마찬가지로 당신이 속한 조직에서 고객응대 서비스, 판매 영업, 개발 등 손이 많이 가고 문제도 많이 발생하는 일을 아웃소싱에만 의존한 채 나 몰라라 한다면? 이런 일들은 기업활동의 핵심과도 같은 영역이다. 고객을 대면하고, 시장을 적나라하게 볼 수 있는 일이기 때문이다. 배의 항해로 치자면 뱃머리에서 바다의 날씨를 살피고 암초와 해류를 읽어 항로를 점검하는 것과 같다. 따라서 고객과의 문제가 발생하고 리스크가 큰 부분일수록 외면할 게 아니라 더 챙겨야 한다. 번거롭고 리스크가 크다는 이유만으로 다른 회사에 맡기거나 챙기지 않으면 핵심을 놓치는 셈이다. 많은 패망한 국가들처럼, 그런 기업도 결국 무너지고 만다.

현장을 잘 챙기지 못하다 보면 나중에는 이미 벌어진 문제를 해결하느라 바쁜 조직이 된다. 일하는 사람들은 누구나 바쁘게 보이지만, 선제대응으로 일이 커지기 전에 대응하는 것과, 이미 엎질러진 물이어서 커질 대로 커진 문제를 처리하는 것에는 큰 차이가 있다. 문제가 터지고 난 후에는 더 바쁘고 일도 더 많아진다. 호미로 막을 것을 가래로 막아야 한다. 일이 몇 배로 커지면서 뒤처리하느라 증원도 해야 하고 돈도 더 든다. 직원들은 '안 해도 될 일을 하게 됐다, 생각지도 않은 뒤처리하느라 죽을 맛이다'며 투덜댄다. 다들 앞으로 상황이 어떻게 변화할지 생각할 여유도 없다. 그래서 더 갈피를 못 잡고 혼란에 빠져 수습에 실패하는 경우가 허다하다.

이 와중에 리더가 현장을 챙기지 않으면 상황은 더욱 절망적이 된다. 주위를 둘러보면 사태를 수습해야 할 시간에 아무 생각 없는 리더에게 현장상황을 알리느라 진땀을 빼는 팀원들이 있다. 반대로 우아한 일만 찾는 직원들에게 궂은일도 마다하지 말고 현장에서 뛰라고 가르치느라 시간을 허비하는 조직도 있다. 그런 조직은 이미 위험한 회사다.

반면 현장과 고객 접점을 챙기는 조직은 쉼 없이 상황이 변하고 있음을 인식하고 있기에 긴장감이 있다. 매번 공부하고 궁리하고 준비하기 때문에 대응이 빠를 수밖에 없다. 리더가 현장과 고객 접점을 직접 챙긴다면 구성원들도 리더가 아니라 고객을 바라보고 일할 수 있기 때문에 스피드가 배가된다. 조직 전체가 변화를 적극적으로 예측하고, 계획하고, 이용하게 되고, 나중에는 변화의 길목에서 기다릴 수준에 이른다.

나아가 현장에 강한 사람들은 현장에서 아이디어를 찾고 기회를 발굴한다. 바다에 단련된 선원은 거대한 어시장, 고기떼의 움직임을 정확히 안다. 수면 아래에서 벌어지는 고기들의 군무를 피부로 감지하는 것이다. 그런 선원이 많은 배는 만선(滿船)의 기회가 그만큼 커질 것이다.

리더는 특권을 누리는 사람이 아니라 움직이는 사람이다

'현장에서 풀기 어려운 문제도 리더가 챙기면 저절로 풀리기 시작한다'는 말이 있다. 그런 경험담을 참 많이 듣는다. 리더에게는 경험과 지식이 축적된 직관력이 있고 의사결정력이 있으니 어찌 보면 당연한 말이다. 하지만 단순히 리더의 역량 때문에 일이 쉽게 풀리는 것만은 아니다. 그보다는 리더의 관심 그 자체가 현장 구성원들에게 힘이 되는 경우가 더 많다. 리더의 관심은 구성원의 역량을 한 데 모으는 필수요건이다.

그래서 경험 많은 CEO들은 중간관리자들에게 입이 닳도록 '현장을 챙기라'고 강조한다. 반대로 CEO나 창업자가 경영이 어느 정도 궤도에 올랐다고 생각하고는 회사 밖으로만 도는 경우도 심심치 않게 볼 수 있다. 리더가 감투에 욕심이 있어서 단체나 모임에 더 많은 시간을 쏟고 대외활동에 치중하게 되면 회사는 금방 기울기 시작한다. 짐 콜린스가 '위대한 기업'을 이끌고 있는 리더들 중 의외로 '리더답지 않은 리더'가 많았다고 지적한 것도 조용히 현장을 챙기는 리더가 좋은 실적을 낸다는 것을 입증한다. 위대한 기업의 리더들은 현장을 챙기고 직원들이 힘을 발휘하는 사내문화, 분위기 조성에 힘쓰는 리더들이지, 언론매체에 자주 얼굴을 들이미는 스타 CEO가 아니었다는 것. CEO가 잡지 표지를 장식하는 순간 초점을 잃는다는 경계의 말도 잊지 않았다.

리더가 '나까지 현장을 챙길 필요는 없다'고 생각하는 순간 조직에는 협력이 사라진다. 조직에서는 다양한 능력을 가진 사람들이 팀을 이뤄 일해야 하는데, 구심점인 리더가 솔선수범하고 사람들을 챙기지 않으면 팀워크가 살아나기 어렵다. CEO가 현장을 소홀히 하면 간부나 리더들이 자기 자리에서 특권을 챙기기 시작한다. 리더들이 현장을 모르고 특권만 찾으면 직원들도 각자의 위치에서 자신의 권리만 찾게 된다. 갈등만 쌓이고 일은 진척되지 않는다. 리더들은 때때로 인간적 갈등까지 풀어내면서 협업을 이끌어내야 하는데, 그 역할에 공백이 생기는 것이다.

무엇보다 리더와 현장이 멀어지면 힘든 일도 마다하지 않고 가장 열심히 일하는 현장과의 소통이 부족해진다. 리더가 현장에서 멀어진다는 것은 조직이 현실감각을 잃는다는 것과 같다. 현실감각을 잃어버린 조직은 속도가 느려지고 적자를 낸다. 현장 직원이 잘하면 된다는 생각은 순진하다 못해 어리석은 발상이다. 현장에서 열심히 일하는 직원들이 현장에서 등 돌리고 있는 리더들을 설득하고 설명하느라 에너지와 시간의 대부분을 소비하게 되는데, 무슨 에너지가 남아서 고객에게 헌신하겠는가.

우리는 리더나 간부들이 현장으로 뛰지 않으면 난공불락으로 보이던 기업도 무너진다는 것을 JAL 사례에서 확인했다. 조직이 활력을 잃지 않으려면 간부나 리더들이 기업활동의 목적, 목표 그리고 그 이유나 배경에 대해 지속적으로 말단직원과도 소통해야 한다. 아무리 뛰어난 보좌관이라도 리더의 철학을 100% 이해하고 조직에 전달하기란 쉽지 않다. 와전된 철학이나 방침이 있다면 리더가 현장과 직접 소통하여 바로잡고, 살아 움직이는 시장의 목소리를 들어야 한다. 책임자들을 감시하고 질책하기 위해서가 아니라 정확한 소통을 위해서다. 현장과 눈으로 통하고, 피부로 느끼고, 귀를 열고, 마음으로 소통하려고 노력해야 한다.

일을 하다 보면 모든 사람들이 리더만 바라볼 때가 있다. 리더가 함께 검토하고 결정을 내려줘야 제대로 일이 돌아간다고 생각하는 사람들이 많은 것도 사실이다. 그러나 리더가 동시에 모든 현장에 동행할 수는 없으므로 평소에 꾸준한 현장 소통이 필수다. 그런 소통을 통해 명령 없이도 스스로 일을 완성해갈 수 있는 인재가 많이 나오도록 동기부여해야 한다.

평소 리더와의 소통으로 원칙과 기본, 기업철학과 비전, 회사의 목표를 충분히 이해한 직원들은 스스로 움직이고 뛸 수 있다. 반면 실적을 내지 못하는 조직을 보면 명령만 많고, 구성원들도 명령에 따라 움직일 뿐 스스로 알아서 하지는 못한다. 위기가 닥쳐도 먼저 움직여 선제대응하는 사람이 없고, 시키지 않은 일은 하지 않아 여기저기서 빈틈이 생긴다. 문제가 보여도 솔선수범해서 나서는 사람 한 명 없는 조직이 바로 명령으로만 움직이는 조직이다. 리더들이 현장과 호흡하지 않고 명령만으로 지휘하면 현장의 인재들은 크지 못한다. 그런 조직은 결속력도 좋지 않아 위기에 힘없이 무너진다.

파산한 JAL을 구원하러 간 이나모리 회장은 "현장 직원들이 일하든 말든, 간부가 보든 말든 각자 자기 밥그릇만 챙기겠다는 생각이 결국 회사를 망하게 했다"고 진단했다. 회사가 적자를 내도 책임질 사람이 없는 조직. 이에 대한 해법은 리더와 구성원이 현장에서 어우러지면서 '제대로 일해서 수익을 내겠다'는 의식을 갖게 만드는 것이다.

30여 개의 적자기업을 인수해 모두 흑자로 돌려놓은 일본전산의 노하우 또한 바로 '현장경영'에 있었다. 나가모리 사장은 인수된 기업이 자리를 잡기까지 공장에 상주하다시피 하며 업무를 점검한다. 모든 문제는 회의실이 아니라 현장에서 일어나고, 결정적인 해법도 현장에서 발견된다는 소신 때문이다. 현장 소통을 통해 리더는 평소 자신의 메시지가 얼마나 빨리, 그리고 정확하게 전달되고 있는지 점검할 수 있다. 각 계층의 리더들이 가교 역할을 잘하고 있는지도 파악할 수 있다. 무엇보다도 현장에서 새로운 비전의 바탕이 되는 소재를 찾을 수 있다.

모든 구성원은 전체 조직에서 주연이든 조연이든 단역이든 없어서는 안 되는 나름의 역할을 소화하고 있다. 큰 역할이든 작은 역할이든 '나는 여기에 필요한 사람이다'고 느껴야 신명 나서 일할 수 있다. 리더들이 관심을 보이면 구성원들은 존재감을 느낀다. 그런 느낌을 받았을 때 사람들은 작은 일도 소홀히 하지 않게 된다. 특히 하부조직으로 내려가면 내려갈수록 경영자와의 소통이 큰 동기부여가 되기 때문에, 리더의 소통 노력은 조직에 활력을 불어넣는 효과도 기대할 수 있다.

그러므로 CEO뿐 아니라 리더들은 꾸준히 지속적으로 회사의 모든 계층을 돌며 대화하고 거래처를 다니는 노력을 해야 한다. 이는 1년에 한두 번 이벤트처럼 하는 요식행위가 아니라 항상 변함없이 지속해야 하는 엄연한 경영활동이다. 만져보고, 돌려보고, 타보고, 판매부서의 사람들과 꼼꼼하게 소통하고, 고객들의 목소리에 경청해야 한다. 땀 흘리는 현장을 보면서 새로운 것들을 생각해야 한다. 고민하는 현장을 보면 더 큰 아이디어를 낼 수도 있다. 리더는 특권을 누리는 사람이 아니라 움직이는 사람이라는 것을 보여줄 때, 리더의 노력은 전 구성원의 애착과 몰입으로 이어진다.

현장과의 간극을 없애는 비법, 스피드 경영

현장 소통이 활발한 조직은 전체적으로 경영철학, 경영이념, 경영방침이나 구체적인 경영목표대로 움직일 수 있고, 결정과 결재도 빠르다. 조직에 스피드가 떨어지면 직원들은 권태감을 느낀다. 긴장감도 없고 일에 대한 몰입도도 떨어지면서 일이 재미없어진다.

시장도 스피드를 요구한다. 시대적 환경이 변해 20세기에는 1주일 걸리던 절차를 이제는 하루 만에 처리해줄 것을 요구한다. 상황이 이런데 어떤 회사는 개선 없이 그동안 해오던 방식에만 의존하면서 점차 둔해진다. 그런 상태로 덩치가 커지면 의사결정의 스피드가 떨어지고, 이는 조직을 망가뜨리는 치명상이 될 수 있다. 비단 위기가 닥치지 않더라도 현장과 떨어진 상위 지휘부가 비대해지면 조직이 전체적으로 무기력해진다.

조직에는 항상 지체현상이 일어난다. 사람이 많아지고 계층이 늘어나는데 방법과 절차가 개선되지 않으면 스피드는 더 떨어진다. 부서 간에 교류가 뜸해지고 생각에 간극이 벌어지면서 스피드 저하에 일조(?)한다. 잘했던 방식, 괜찮았던 방식도 업그레이드하거나 변화하지 않으면 혈관에 지방이 끼듯 군더더기가 끼고 지체현상이 일어난다. 남들은 구조적으로 스피드를 개선하는데 혼자서만 오히려 느려지는 것이다.

스피드는 어느 수준에 올랐다고 해서 항상 유지되는 것이 아니다. 끊임없이 개선하는 수밖에 없다. 규모와 상관없이 기업은 조직 내에서 자연적으로 형성되는 지체현상을 계속 극복해야 한다. 고객은 항상 더 빠른 해법을 요구한다. 제대로 된 내용이 기대 이상의 속도로 신속하게 전달됐을 때 고객은 감동한다. 반대로 의사결정이 늦어지면 실적부진이라는 치명적인 결과를 낳는다.

그런데 팀원이나 직원들의 일정과 스케줄을 무시하고 시도 때도 없이 회의를 소집하고 끝도 없이 늘어지게 회의를 진행하는 리더들이 있다. 비즈니스 정글에서는 간부들이 현장으로 가지 않을 때 그런 현상이 벌어진다. 평소 소통이 부족한 것을 회의로 만회하려고 하기 때문이다. 업무 중 회의는 짧을수록 좋다. 제시간에 시작하고 끝내는 것도 능력이고, 회의를 시작해 신속하게 결론을 내거나 방향을 도출하는 것도 능력이다. 이 사실을 깨닫는 것이 중요하다. 상하 좌우로 소통이 활발한 조직은 회의가 짧다. 이미 일상적인 소통을 통해 정보를 공유하고 있기 때문이다. 말할 것도 없이 그런 조직은 경쟁력이 있다.

사람들이 회의에 참여하면서 쓰는 시간은 모두 비용이다. 서로의 간극을 줄이고 정보를 공유하기 위해 활발한 회의는 필요하지만 스피드에 초점을 맞춰야 한다. 형식을 차리기보다는 빠르게 방향을 정하고 문제의 본질을 가지고 대안을 정하는 것이다. 모든 절차를 회의 자리에서 밟으려 하면 길어진다. 미리 현장과 소통해서 상황을 파악하고 의사결정에 필요한 정보를 확보해두면 간극도 줄어들고 스피드도 올라간다.

갈수록 스피드와 싸워야 하는 시대다. 시간을 낭비하지 않고 그때그때 올바른 결정을 하려면 책임을 회피하지 않고 끝까지 마무리할 수 있는 인재로 조직을 채워야 한다. 직원 한 명 한 명이 각자 업무의 지휘관이 되어야 한다.

현장에서 리더들이 직원들과 친근함을 유지하는 기업은 위기에도 선제대응이 가능하고, 직원들도 성장할 수 있다. 얼굴을 맞대고 소통하고 인간적인 스킨십을 통해 결속력을 다지면서 간극이 없어진다. 현장을 본 리더의 의사결정이 빨라지고 리더의 뜻을 구체적으로 이해하고 있는 현장 실행력이 올라간다.

현장 경영, 계속 잘나가는 기업들이 성공할 수 있었던 이유다.

길을 잃지 않게 해줄
북극성을
찾아라

나침반이 없던 시절, 바다를 항해할 때 선장들은 북극성을 기준으로 삼았다. 북극성은 목적지를 잃어버리지 않게 해주는 지표이자, 수많은 선원들에게 '길을 잘 가고 있다'는 믿음을 주는 징표였다.

기업은 다양한 사람들과 다양한 재능이 어우러진 조직이다. 근성 있는 사람, 대쪽같이 곧은 사람, 성실하고 부지런한 사람, 비뚤어진 사람, 오기가 있는 사람, 충성스런 사람 등 참으로 다양하다. 이런 사람들이 한 배에 올라 같은 목적지를 보고 항해하는 것과 같다. 개척정신이 있는 사람, 반골기질이 있는 사람, 인간관계가 좋은 사람, 시니컬한 사람, 긍정적인 사람, 헝그리 정신이 있는 사람… 이런 사람들의 역량을 한 방향으로 모아 좋은 성과를 내게 하는 것이다.

어떤 기업이든 한 사람만의 좋은 실적은 한계가 있다. 좋은 성과는 화려한 스펙으로 무장한 똑똑한 인재들을 모아놓았다고 해서 달성되는 것이 아니다. 다양한 인재들과 함께 한 방향을 향해 역경과 고난을 헤쳐갈 수 있을 때 가능하다. 그러려면 목적지가 뚜렷해야 한다. 다 같이 달성하고자 하는 목표가 뚜렷할 때 협업정신은 올라가고 소통도 자연스럽게 활발해진다. 부서 이기주의 같은 갈등과 마찰도 줄어든다. 마치 고대 선원들이 북극성을 보며 망망대해를 가는 불안함을 떨치고 항로를 찾았던 것처럼 말이다. 이것이 흔히 말하는 '비전'의 역할이다.

그러나 비전을 세우는 것이 말처럼 쉽지는 않다. 개개인의 이기적인 욕망을 뛰어넘는 '대의'가 제시돼야 하기 때문이다. 그래야 전사적인 협업과 동참을 끌어낼 수 있다. 어느 한쪽에만 이득이 큰 목표를 제시한다면, 사람인 이상 '열심히 일해서 남 좋은 일 시켰다'는 억울함을 느낄 수밖에 없다. 그렇게 되면 개개인은 소극적이 되고, 가능한 최소의 노력으로 자신의 이득을 극대화하려는 궁리로 가득 차게 된다.

따라서 목표는 모든 구성원에게 가치 있고 의미 있는 것이 되어야 하며, 모두에게 공헌할 수 있는 기회를 부여해 실질적으로 사기를 높여주어야 한다. 조직이 성공하는 데 자신이 중요한 역할을 했다는 존재감을 느껴야 한다는 것이다. 회사가 크든 작든, 성공의 역사에 동참한다는 자부심과 존재감을 느낀다면 신나지 않을 사람이 있겠는가? 비록 시작은 미약하지만 훗날 성장의 산증인이 된다는 긍지와 자부심을 느낄 수 있는 일을 한다면 어려운 일도 가볍게 여겨질 것이다.

이때 특히 주의해야 할 것이 '돈'이다. 개인 간, 부서 간 이해관계를 초월하려면 돈을 중심에 두어서는 안 된다. 돈 이외에 스스로를 추동해 일을 하게 하는 묵직한 대의명분이 반드시 있어야 한다. 돈을 벌기 위해 창업을 하고 회사를 키운다 해도, 우리가 왜 이 일을 하는지를 돈 이외의 것으로도 설명할 수 있어야 한다.

단순히 '돈이 된다'는 이유로 사업을 하면 중간에 난관에 부딪혔을 때 금방 포기하고 저마다 다른 곳에서 돈을 벌 수 있다며 뿔뿔이 흩어진다. 비전은 목적지를 표시한 좌표와 같은데, 좌표가 흔들려서야 어디가 됐든 무사히 항해할 수 있겠는가. 자수성가한 인물이나 허름한 창고에서 시작해 위대한 기업으로 성장한 회사들은 돈으로 성공한 것이 아니다. 돈 이외의 것들로 전원이 동기부여될 수 있는 명분이 있을 때 작고 초라하게 시작해도 성공을 향해 갈 수 있다. 성패는 돈이 아닌 것으로 사람들이 자신감을 가지고 동참하게 할 수 있는가 여부다.

목표를 세우라면 흔히 '올해 매출 ○○억 달성' 식의 숫자만 내놓곤 하는데, 이는 '대의'라는 면에서 그리 바람직하지 않은 목표다. 전체 목표를 정하고 각자 달성해야 할 목표를 할당하면 사람들이 그 자리에서 공감하는가? 아니다. 목표를 세우는 것보다 공유하고 동기부여하는 게 훨씬 중요하다. 일하는 사람들의 의지가 없으면 동력을 상실한 목표가 되고 만다.

그렇다고 상세하게 지시하면 차질 없이 움직이는가? 그것도 아니다. 자신의 문제로 받아들여서 구체적으로 생각하고, 마침내 스스로 납득해야 한다. 사람은 자신에게 설득됐을 때 제대로 움직이는 법이다. 전체의 목표가 '내 목표'라는 생각이 들어야 한다는 것이다. 내 이익만이 아니라 다 같이 이루고자 하는 목표를 달성했을 때가 개인적인 보람도 이익도 최고라는 느낌을 가져다준다.

성공하는 기업이 되기 위해서는 '조직의 일이 곧 내 일'이라는 의식이 강한 사람이 많이 나와야 한다. 그런 사람들이 스스로 설득된 비전을 가지고 동료들을 설득해 이끌 수 있다. 그래서 리더들은 그런 인재를 발굴하기 위해 전략을 바꾸고 조직개편을 하고 의식개혁 운동을 벌이곤 한다.

그러나 사람들은 쉽게 움직이지 않는다. 시장은 변화하고 경쟁자들은 속속 새로워지고 있는데도 과거에 해오던 방식이나 전례를 찾아 그대로 답습만 하려고 한다. 그렇다고 리더가 직원들에게 시시콜콜 실무까지 정해줄 수는 없는 노릇. 대개는 일방적인 지시나 명령으로 일관하다 시시각각 변화하는 현장에 효과적으로 대응하는 데 실패한다. 직원들은 지시만 기다릴 뿐 선제대응을 하거나 방법을 고민하지도 않다가 새로운 변화에 무방비로 당한다. 각자가 학습하지 않고 정체되면 상대적으로 느리고 '한물간' 조직으로 처지게 된다. 그러다 회사가 무너지면 개인들의 삶도 함께 무너지고 만다.

CEO부터 말단직원까지, 스스로 움직여야 한다. 개개인의 의욕을 북돋는 공동의 목표가 필요한 이유가 여기에 있다. 사람이란 납득이 가는 목표가 정해지면 자기 위치에서 자발적으로 질문하고 소통하면서 스스로 필요에 의해 생각하고 해법을 찾아 나서게 된다. 전사적 비전이라는 목표 아래 자신의 목표를 스스로 정하고 자신이 결정한 대로 행동하고 끝까지 책임지게 된다. 왜 그래야 하는지, 정말 그래야 하는지, 다른 중요한 것은 없는지, 더 좋은 방법은 없는지 생각하고 고민해 자신을 설득시켜 실행에 옮기는 패턴을 몸에 체화하게 된다. 스스로 의욕을 불러일으키고, 행동을 촉구하고, 스스로 판단하고 책임지고, 지속적으로 업무를 개선하고 효율성 향상을 고민하는 모습… 이 모두 이기심을 버리고 동참할 수 있는 공동의 분명한 목표를 공유했기에 가능한 행동이다.

이처럼 같은 비전을 가지고 모든 사람이 꿈을 좇을 수 있는 조직은 강하다. 꿈을 현실로 만들기 위해 긍정적으로 일에 뛰어들고, 최고가 되고자 하는 열정들이 모이기 때문에 조직 전체가 뜨거워진다. 모두가 하나가 되어 팀으로 이룰 수 있는 목표를 향해 뛸 때 팀의 사기는 배가된다. 설령 목표를 달성하지 못했다 해도 팀워크가 흐트러지지 않고 사기도 떨어지지 않는다. 서로의 가능성을 보았고, 함께 고생했던 것들이 각자의 자산으로 남기 때문이다.

2002년 월드컵에서 드라마틱하게 확인했듯이, 팀에 어울리는 특별한 비전과 목표를 만들어내면 승리를 위해 모든 선수가 한마음으로 헌신적으로 뛰게 된다. 선수 개개인의 평소 기량보다 수준 높은 경기를 한다. 근육에 경련이 일고 필드에 그대로 쓰러질 정도로 혼신의 힘을 다한 경기는 패해도 승리 이상의 가치가 있다. 개개인의 합을 뛰어넘어 계측할 수 없는 무한의 힘을 발휘한 기억은 그다음 경기에도 영향을 미친다. 이처럼 이기심을 버리고 다 함께 이룰 수 있는 목표가 있다면 그 이상의 동기부여는 필요 없다.

한 방향으로 힘을 모으는 '벡터경영'

같은 회사에 있는 한, 우리는 같은 곳을 보고 가야 한다. 이때 어디까지 간다는 방향성과 목표지점이 뚜렷해야 한다. 매출부진을 극복할 때나 신수종 아이템이나 신사업을 개척할 때도 방향을 일치시켜 강한 연대의식을 만들어내지 않으면 성공할 수 없다.

물론 회사에 모인 사람들은 각양각색이다. 능력도 성격도 서로 다른 사람들이 저마다 '나는 이런 능력을 발휘할 수 있다'고 기대하며 회사로 모여든다. 이렇게 다양한 사람들이 일심불란하게 일에 집중하고 일사불란하게 움직여 일을 처리한다면 그 회사를 누가 이겨낼 수 있겠는가. 목표를 명확히 하고 이에 부합하는 방향으로 구성원들을 움직이도록 하는 노력은 일뿐 아니라 일상적인 생각과 크고 작은 행위에 영향을 미친다. 전사적인 결속력을 강하게 하는 것은 물론이다.

이것이 말하자면 '벡터경영'이다.

어떤 조직이든 사람이 존재한다. 사람이 모여서 집단을 이루고 그 힘이 모아져 전체 목표를 향해 같이 움직이게 된다. 구성원 각 개인들은 물리학에서 이야기하듯 크기와 방향을 가지고 있는 벡터(vector)와 같다. 벡터는 사람으로 말하면 육체적·정신적 힘, 스피드, 가속력, 영향력 등을 가지고 있는 것으로 보면 된다.

벡터경영이란 회사의 역량을 모아 한 방향으로 움직이도록 관리하는 것을 말한다. 강한 회사는 같은 방향으로 구성원 개개인의 벡터가 집결되는 회사다. 회사에는 다양한 물감 역할을 할 다양한 인재가 필요하다. 그들이 모여 각자 자신의 색깔을 필요한 위치에 넣을 때 비로소 아름다운 그림이 완성된다. 구성원들의 벡터가 혼연일체가 되어 한곳의 목표를 향해 나아갈 수만 있다면 최고의 성과를 낼 수 있을 것이다. 벡터와 벡터들이 한 방향으로 움직이기 시작하면 상상을 초월하는 시너지 효과도 낳을 수 있다. 그래서 리더들의 지휘능력이 중요하다.

한 사람 한 사람이 크기와 방향을 가진 벡터이므로 한 사람이 역행을 하면 그 손실은 크다. 그 사람뿐 아니라 그것에 영향 받는 사람들까지 힘과 속도를 잃게 된다. 남들은 다 앞으로 노를 젓는데 혼자서만 반대쪽으로 젓는다면 갈팡질팡하면서 속도를 내지 못한다. 또한 다들 구령에 맞춰 노를 젓는데 혼자서만 노를 내려놓고 쉬면 배는 빙글빙글 제자리에서 돌기만 하고 나아가지 못한다. 이런 사람이 옆에 있다면 '적은 내부에 있다'는 말을 실감하게 된다. 힘과 크기 그리고 방향을 가지고 있는 벡터가 서로 한 방향으로 가지 못하고 싸우는 꼴이 된다면 서로 상처가 남고 그만큼 전진 없는 후퇴만 있을 뿐이기 때문이다.

그러므로 처음부터 리더들은 회사의 방향과 추구해야 할 목표 등을 분명히 하고 그에 맞는 인재를 채용해야 한다. 그런 의미에서 일본전산의 인재채용 시험은 시사하는 바가 크다. 목소리 큰 사람, 밥 빨리 먹는 사람, 화장실 청소 잘하는 사람을 뽑아 세상의 비웃음을 샀던 일본전산. 그러나 그 이면에는 스펙이 아니라 '끝까지 해보겠다'는 근성과 빠른 결단력, 남들이 하기 싫어하는 것도 기꺼이 하는 마음을 보겠다는 의도가 깔려 있었다.

일본전산의 생각처럼, 재능이 부족해도 목적과 방향성이 명확하면 엄청난 열정으로 극복할 수 있다. 자신도 몰랐던 잠재능력을 발휘하기도 한다. 심지어 시력을 잃은 사람도 노력 여하에 따라 앞을 어느 정도 볼 수 있다고 한다. 눈이 아니라 감각적으로 앞을 볼 수 있게 되는 것이다. 신경학자들에 따르면, 촉각을 통해 시각의 일부를 대체할 수 있다고 한다. 쉽게 납득이 안 될 것이다. 그만큼 우리는 우리 능력을 모른다.

요즘 재능이 뛰어난 사람은 무수히 많다. 그러나 어찌 된 일인지 재능을 발휘하는 사람들은 예전에 비해 오히려 많지 않은 듯하다. 그들의 재능을 만개시키는 것이 바로 목적과 방향성이다. 이 둘만 명확해진다면 사람들의 재능, 잠재능력에는 한계가 없다. 모든 위대한 성공자들이 그것을 증명하지 않았는가.

일에 대한 정신적 보상을 즐겨라

연애를 할 때 하수(下手)는 값비싼 선물을 하고, 고수는 장미꽃 한 송이를 건넨다고 한다. 상대를 사랑하는 순수한 마음이 '돈'에 매몰되지 않도록 하기 위해서다. 명품 백을 선물로 받은 여성의 뇌는 사랑하는 사람이 선물해서 기쁜 건지, 원하던 가방을 받아서 기쁜 건지 헷갈려한다. 그러나 값어치 없는 꽃을 받은 여성은 오직 상대방의 마음에 순수하게 고마워할 수 있다.

일도 마찬가지다. 일을 하는 1차적인 이유는 먹고살기 위해서이지만, 그것에만 매몰되면 1차원적인 동기부여밖에 하지 못하게 된다. 세속적 보상 이외에 자신이 얻고 싶은 것, 본인이 줄 수 있는 것을 생각할 때 이기적이지 않고 대의에 동참할 수 있다.

기업활동이나 회사생활이 자선사업하는 건 아니라고 생각할지도 모르겠다. 그러나 하나만 알고 둘은 모르는 말이다. 사업이나 일이 누군가를 위하고 공공의 선을 추구하게 되면 이익에 가까워지는 역설을 모르고 하는 소리다.

공공선이라고 하면 대단히 거창한 개념인 것 같지만 그렇지 않다. 비즈니스를 영위하는 것 자체가 사회의 이익을 위한 행동이다. 크든 작든 간에 사회 전체의 이익이나 가치와 합치되는 비전을 제시하고, 이것을 실현하는 것이 기업이다. 작은 부품이라도 우리가 사는 사회에 필요한 제품을 만들고 있다면 얼마든지 자부심과 긍지를 느낄 수 있다. 음식점을 한다면 맛있는 식사, 즐거운 식사, 행복한 식문화를 맛보기 위해 찾아오는 사람들을 행복하게 해주면 된다. 고객이 우리 음식점에 온 이유는 돈을 지불한 대가로 모종의 행복을 느끼기 위해서다. 이런 고객을 행복하게 하면 고객은 당연히 만족할 것이고, 재방문을 하거나 지인들에게 추천하게 될 것이다. 이처럼 당연해 보이는 기업활동이 고객에게 만족과 감동을 줄 수 있다면, 그것이 곧 공공선을 추구하는 행위라 할 수 있지 않을까.

또한 '고객만족＝공공선'이라는 인식은 자연스럽게 혁신을 끌어낸다. 우리가 하는 일을 통해 사람들에게 더 많은 행복을 줄 수 있는 방법이 없을지 생각하게 되기 때문이다. '이런 문제를 풀어주고 싶다', '이런 즐거움을 느끼게 하고 싶다', '이런 미래를 만들고 싶다'… 이런 마음으로 누가 강요하지 않아도 선한 의지로 혁신을 갈망한다. 사람들이 행복해지고 기쁨을 만끽할 수 있게 되면 그 에너지로 비즈니스는 자연스럽게 번창하게 된다. 일하는 사람에게 이보다 더 큰 즐거움이 어디 있겠는가. 세상을 좋아지게 하면서 돈도 벌다니!

사회가 앞으로 추구할 것들과 고객들이 꿈꾸는 미래상과 기업활동이 연결돼 부합된다면, 이상적인 성공으로 이어질 수밖에 없다. 사회가 발전하는 데, 사회가 추구하는 가치에 부합하는 일을 하는 데 동참했다는 사실이 구성원들에게 돈으로 살 수 없는 뿌듯함을 준다. 이것이야말로 일에 대한 정신적 보상이다.

애플은 '사람들이 혹할 정도로 매혹적인 제품을 제공해 좋은 문화를 온 세상에 퍼뜨린다'는 철학을 공유했다. 그 철학을 바탕에 깔고 재미있고 흥미로운 경험을 할 수 있는 매킨토시, 아이팟, 아이폰을 만들었다. 유니크한 경험과 가치를 제품에 담으려 했다. 물론 그 과정은 전쟁과 같았다. 하지만 그들은 '내가 하는 일로 온 세상이 감동한다면 얼마나 기쁜 일인가' 하며 견뎌냈다. 앱스토어는 또 어떤가. 만든 기업뿐 아니라 고객과 참여자들까지 윈윈하는, 온 세상을 이롭게 하겠다는 생각의 결과물이다.

이처럼 사회와 같은 방향으로, 같은 노선을 걷는다는 생각이 들게 하는 비전이나 목표가 있다면 우리 안에 있는 이기심은 수그러들게 된다. '세상을 위해 일한다'는 명분 자체가 일에 대한 자부심과 긍지를 키워주기 때문이다. 지식경영의 대가 노나카 이쿠지로는 이를 가리켜 "사회와의 관계성이 커지면 혁신 가능성도 높아진다"고 말한 바 있다. 결과적으로 모든 구성원들의 노력이 더 큰 이익을 창출하는 활동으로 연결되는 것이다.

"사랑이란 서로 마주 보는 것이 아니라, 한 방향을 바라보는 것이다."

《어린왕자》를 쓴 생텍쥐페리의 말이다.

남녀 간의 사랑뿐 아니라 조직에서도 같은 방향을 향해 몰입하고, 뜻하는 바를 같이하겠다고 했을 때 일과 일터에 대해 강한 애착을 갖게 된다. 동료들과의 호흡, 동질감은 상황이 어려울 때 격려가 되고 즐거울 때는 그 즐거움을 배가해준다. '우리끼리만 제대로 뭉쳐도 무서울 것이 없다'는 생각이 든다. 외롭지 않고, 어려움에 처해도 힘들지 않고, 서로 의지가 된다. 같은 목표를 향해 같이 뛴다는 즐거움이 생긴다. 동료들과 같은 곳을 바라보는 즐거움에 맛을 들일 때, 비로소 우리는 세상을 깜짝 놀라게 할 수 있다.

일이
학습이고
학습이 일이다

　기업의 비전과 추구하는 가치는 일상적인 업무에 그대로 배어나야 한다. 그런 인재들이 리더로 성장하고, 그 리더가 자신을 뛰어넘는 리더들을 양성할 수 있다. '당신은 왜 일하는가?' '회사의 비전이 무엇인가?'라고 누군가 물었을 때 비전과 가치를 모두 외우고 가슴 뛰게 설명할 수 있어야 한다. 그럴싸한 고상한 이야기나 물에 물 탄 듯한 빤한 말로써가 아니라, 자신의 언어로 해야 한다. 비전이 몸에 배고 녹아들지 않으면 불가능한 일이다. 임직원들이 각자 위치에서 자신의 언어로 제대로 후임들을 교육할 수 있는 기업은 강한 기업이다. 생각하면서 일하고 있다는 것이고, 스스로 자기계발에도 부지런하다는 증표다.

최근 들어 미션과 비전의 중요성을 깨닫고 강조하는 기업이 늘고 있지만, 그래도 미션과 비전은 일하는 사람 입장에서는 아직 '먼 이야기'다. 사훈(社訓)과 행동강령을 멋지게 적어서 여기저기 액자로 걸어놓는다고 해서 저절로 지켜지는 것도 아니다. 옛날 어르신들이 현관문에 부적을 붙일 때는 부적이 효험을 발휘해서 가족을 지켜주기 바랐을 것이다. 그러나 대부분의 젊은 자녀들은 부적의 효험을 믿기는커녕 '저런 걸 뭐 하러 붙여놨냐'고 타박하기 일쑤였다. 어쩌면 회사의 미션과 비전도 괄시받는 부적처럼 되어버린 것은 아닐지. 회사의 방침과 경영자의 철학이 아무리 훌륭하더라도 직원들이 믿고 따라야 조직의 문화가 되어 효력을 발휘할 수 있다.

학습하지 않으면 '부품'이 된다

비전과 가치를 체화하는 방법은 하나, 학습과 일이 일체가 되어 자연스럽게 묻어나오게 하는 것뿐이다.

"보통의 인재를 확실히 육성하여 사람 구실과 돈벌이를 잘할 수 있게 하는 것이 경영자인 내 역할이다. 어디 가도 사랑받고 밥벌이를 할 수 있게 키워야 할 책임이 있다."

어느 경영자의 말이다. 의욕적이고 삶에 적극적인 사람들은 이런 사장이 있는 회사, 즉 교육훈련이 있고 성장 기회가 제공되는 곳을 선호한다.

역경 속에서 꽃을 피운 기업이나 개인들의 공통점은 하나같이 가난해도 투자를 멈추지 않았다는 것이다. 한국의 눈부신 경제성장은 먹고살기 힘들어도 미래를 바라보며 자녀교육에 열을 올린 덕분 아닌가. 회사도 각 구성원들이 자기투자를 멈추지 않고 지속할 때 자기성장과 조직성장을 이룰 수 있다.

한국의 가장 오래된 기업 중 하나인 두산그룹이 지금까지 생존하고 글로벌기업으로 성장할 수 있었던 것도 인재육성을 소홀히 하지 않았기 때문이다. 맥주회사로 성장동력을 마련한 두산이 다양한 분야에서 세계적인 기업으로 성장할 수 있었던 것은 '사람이 성장하고, 사업이 성장한다(Growth of people, Growth of business)'는 기업 철학을 실천했기 때문이다. 사람이 성장할 수 있는 조직문화를 끊임없이 추구하고 교육하고, 그 속에서 성공하고 성장한 인재들이 또 사업 영역을 넓히면서 글로벌기업으로 두산을 키운 것이다.

그런 의미에서 '학습이야말로 직원들에게 해줄 수 있는 최고의 복리후생'이라는 말이 설득력을 얻는다. 일이 교육이고 교육이 일이 될 수 있도록 해서 사람을 키워야 조직이 살고 개인이 산다. 일을 통해 배우고, 배운 것이 일의 성과로 나올 수 있어야 한다는 의미다.

조선시대 거상(巨商) 임상옥은 "장사는 이문을 남기는 것이 아니라 사람을 남기는 것"이라고 했다. 회사를 키우기 위해서는 우선 사람을 책임지고 제대로 키워야 한다. 제대로 실력을 쌓은 사람은 수

중에 한 푼도 없더라도 걱정하지 않는다. 배움에 부지런하고 배움을 지속하다 보면 몸에 각인된 실력으로 언제든지 다시 일어날 수 있기 때문이다.

이처럼 학습은 흔해 빠진 부품 같은 인재가 아니라, 어디를 가도 사랑받는 인재를 육성하는 것이다.

리더가 학습제도를 궁리하지 않고 배움을 솔선수범하지 않는 기업은 멍청한 사람을 고용해 부려먹으려는 회사이고, 그렇게 이용한 다음 버리는 회사다. 반대로 하나라도 더 알려주려고 애쓰는 리더와 일하고 있다면 자신의 행운에 감사해야 한다.

그런데도 교육시간을 마련하면 '업무도 바쁜데 쓸데없는 짓 한다'며 얼굴을 잔뜩 찌푸리고 볼멘소리를 하는 사람들이 있다. 무릇 부지런하고 똑똑한 사람들은 학습에 목말라한다. 스스로 부족함을 통감하고, 배우면서 성장하고 있다는 것을 느끼면 성취감이라는 보상이 돌아온다.

반면 스스로 공부하지 않는 직원은 대부분 생각 없이 일하는 사람이거나 고작해야 시키는 것만 열심히 하는 사람에 지나지 않는다. 리더의 머릿속에 그런 직원들은 시켜야 움직이는 '부품'과 비슷하게 느껴진다. 언제든지 다른 것으로 대체할 수 있는 부품 말이다. 일하는 직원 입장에서 이보다 엄청난 위협이 어디 있겠는가? 부품처럼 누가 조작해야 움직이는 직원들로 가득 찬 조직은, 고장 났을 때 스스로 생각하면서 고쳐 돌아가는 조직과 경쟁해서 이길 수 없다.

이런 현실을 인식한다면 개인과 기업이 생존을 위해 어떻게 해야 하는지를 자연스럽게 이해할 수 있을 것이다. 개인은 배우고, 기업은 가르쳐야 한다.

기껏 교육시켜 쓸 만하게 키워놓으면 하나둘 다 떠난다? 핑계다. 일만 시키고 제대로 클 기회를 주지 않기 때문에 이직하는 것이다. 혹독한 인재교육 사관학교라고 소문난 기업들을 보면 의욕적인 젊은 인재들이 들어오고 싶어 하기 때문에 더 번성한다. '한국에서 가장 일하고 싶은 기업' 명단에 매번 꼽히는 우량 기업들은 공통적으로 업무강도가 세고 학습도 많이 하기로 유명하다. 그런데도 열정적인 인재들이 들어가고 싶어 한다. 조직에 무조건 기대지 않고 개인적으로도 성장하고 싶은 것이다. 따라서 교육해도 여타 조직에 비해 훨씬 학습효과가 좋고 리더로 성장할 확률이 높다. 성장하고 진화해가는 기업들이 하나같이 많은 리더를 배출하는 이유가 여기에 있다. GM이 한창 번성할 때도 마찬가지고, GE, P&G, 삼성, 맥킨지 등이 최고 기업에 오를 수 있었던 것도 인재를 끌어모으는 것을 넘어 많이 교육해 리더로 성장시켰기 때문이다.

학습은 살아 있는 의식을 깨우는 작업과 룰을 배우는 것에서부터 시작한다. 룰을 제대로 익히면 일도 스포츠 경기처럼 재미있어진다. 학습은 계속 바뀌는 룰을 배우고 플레이를 개선하는 작업이다. 여기에 더해 학습의 중요한 역할이 한 가지 더 있다. 바로 슬럼프에서 건져주는 역할이다. 프로 선수도 한 번쯤 슬럼프에 빠져 고통스러운 시기를 보내곤 하는데, 그때마다 기본기부터 다시 점검하고 체력훈련부터 시작해서 정상 컨디션을 회복한다. 마찬가지로 일을 하다 보면 왠지 잘 풀리지 않거나 매너리즘에 빠질 때가 있다. 그럴 때는 업무의 어느 부분이 문제인지, 내가 원하는 미래 모습은 무엇인지, 내가 개선해야 할 역량이 무엇인지 점검하면서 차분히 배움의 시간을 갖는 것이 필요하다. 이것이 곧 학습을 통한 의식개혁 아니겠는가.

업무역량을 향상시키기 위해서든 슬럼프에서 벗어나기 위해서든, 우리는 꾸준히 배워야 한다. 배우는 것도 충전이다. 결국 비즈니스 정글도 배움에 목마른 사람들이 성장하고 기회를 잡게 돼 있다.

모름지기 배움은 기본기를 닦는 것에서부터 시작한다. 그런데 그런 기본기를 귀찮아하며 배우기 싫어하는 사람들이 의외로 적지 않다. 요즘처럼 영어에 공모전에 인턴경력으로 무장하고 입사한 신입들은 '나는 똑똑하니까 가르치기만 하지 말고 어서 실전에 투입해달라'고 은연중에 바라고, 경력사원은 그들대로 '내가 초짜도 아닌데 이걸 왜 배우냐'며 불쾌해한다. 심지어 신입사원 중에는 시시한 일만 주고 교육만 시킨다며 어렵게 들어온 회사를 그만두는 경우도 있다. 바쁜 시간을 쪼개서 일을 가르쳐주는 선배들을 '잔소리하는 꼰대'라고 폄하하는 이들도 있다. 일을 가르치는 선배들로서는 억울하고 답답한 노릇이다. 기본기를 가르치지 않으면 직원들의 업무수준이 떨어질 것이고, 그들이 하는 회사의 서비스, 제품 수준도 동반 하락할 수밖에 없다.

실적에 쫓겨 궁지에 몰린 직원들은 나중에는 속여서라도 실적을 보여주려 한다. 회사를 망하게 하는 도덕적 해이로 이어지는 것이다. 그 머리 좋은 사람들이 도덕을 배우지 않아서 빈번하게 모럴해저드가 발생하는 것이겠는가? 머리로는 알지만 잊고 무시하기 때문이다. 무뎌진 의식을 교육과 학습으로 다시 일깨워야 한다. 그런 측면에서 교육은 잠들어 있는 기본의식을 깨우는 각성제이기도 하다.

교육은 비용이 아닌 '투자'

학습이 업무에 잘 녹아들어 발전속도에 탄력을 받을 때까지는 오래 기다리며 투자해야 한다. 그러나 일단 탄력을 받기 시작하면 누가 억지로 가르치지 않아도 구성원 스스로 배움에 목말라하는 기업풍토가 조성된다. 학습이 일상화되고 배움에 긍정적이고 적극적으로 받아들이는 사람에게 회사가 지속적으로 투자를 하면 그 사람이 다른 회사를 기웃거릴 이유가 없다. 그리고 그런 사람이 똑같이 열의 있는 후배들을 길러낸다. 열심히 배워서 발전한 경험을 해본 직원이 후배를 가르치면 열의도 다르고 결과도 다르다. 가르치는 방법에서도 이해도와 활용도가 높아 압축성장으로 이어진다.

부모들은 하나같이 자신보다 나은 자식을 키우기 위해 투자를 아끼지 않는다. 마찬가지로 회사도 회사와 일에 애착을 가지고 성공하려는 인재가 있다면 아끼지 않고 투자해야 하는 것은 당연하다. 원대한 비전을 가지고 있는 리더들은 매 순간 자신과 회사의 지속성장을 위해 인생을 걸 인재를 찾고 있다. 사리사욕을 버리고 시장의 판도를 바꿀 만한 상품을 기어코 만들어내겠다고 하는 인재를 내팽개칠 리더가 어디 있겠는가. 그런 인재가 제대로 뿌리 내릴 수 있게 하는 것이 바로 교육이고, 학습이다.

그런데 가만히 보면 교육을 투자가 아닌 비용으로 생각하는 기업도 있다. 눈앞의 매출과 비용에만 관심 있는 근시안이다. 교육을 비용이라고 생각하는 순간 교육의 효과는 떨어지기 시작한다. 이런 기업들의 특성은 어쩌다 강연 한 번 듣게 하거나 독서교육을 한다며 직원들에게 책 한 권씩 돌리고 곧바로 '효과'를 기대한다는 것이다. 그러나 첫술에 어찌 배가 부르겠는가. '기껏 돈 들여 교육에 투자했는데 왜 변화가 없느냐'고 교육담당자를 다그치니 교육이 아니라 고역이 되고 만다. 결국 '가르쳐봐야 소용없다'는 성급한 결론만 내고 교육에 투자하지 않으니, 결과적으로 일회성 비용처리로 낭비만 한 꼴이 된다.

교육을 비용으로 생각하는 회사의 가장 큰 특징은 회사가 조금만 어려워진다 싶으면 맨 먼저 교육부터 없애는 것이다. 그러나 이것이야말로 위험한 발상이다. 경영학 대가 톰 피터스는 "경영실적이 좋을 때에는 교육에 2배를 투자하고, 경영실적이 좋지 않을 때는 교육에 4배 투자해야 한다"고 역설했다. 위기를 돌파하는 것은 결국 사람이기 때문이다. 글로벌 제약회사인 화이저의 제프 킨들러(Jeff Kindler) 회장은 "핵심 경쟁력은 제품이나 서비스가 아니라 세계에서 가장 뛰어난 인재들을 채용하고 육성하는 것"이라고 지적했다. 매일 매일 더 나은 방식으로 일하고 뻗어나가도록 배우겠다는 강렬한 열망을 배양하는 것이 곧 기업의 경쟁력이라는 것이다. 그러니 어떤 경우에라도 교육과 학습은 포기해서는 안 된다. 비용이 부담이 된다면 사내에서 상사들이 품앗이교육이라도 해야 한다.

회사가 처음부터 비용 개념으로 교육을 바라보면 직원들도 '바빠 죽겠는데 무슨 교육이냐', '교육 안 하면 돈 안 들고 좋지 않냐'며 배움 자체를 짐스러워하게 된다. 경영진이 가고자 하는 방향과는 정반대로 가는 것이다. 물론 직원들 개개인에게도 치명적인 일이다. 사람이 있는 곳에서 교육은 비용이 아니라 '투자'이고 학습은 선택이 아니라 '필수'라고 보아야 한다.

머리로 받아들여 몸으로 익힌다

교육은 교육으로만 끝나지 않고 개개인의 인간성장, 성과에 기여해야 한다. 교육을 통해 성장하는 기회를 얻는 것이다. 또한 회사는 교육을 통해 얻은 것을 일에 적용해 실효를 거두도록 지원해야 한다. 배운 것을 일에 적용해 성과를 낸 사람에게 가점을 하고 그 내용을 공유한다년 최고의 지원이 될 것이다. 이렇게 하면 매달 회사 추천 도서를 읽고 공유하는 독서교육 하나만 가지고도 큰 성과를 낼 수 있다. 적어도 '그놈의 교육'이라는 말은 사라지게 된다.

그러나 현실에는 교육이 '교육 행사'로 끝나는 기업들이 적지 않다. '교육 따로 일 따로'라는 생각을 가지고 있는 조직들이다. 교육을 했으면 매뉴얼, 체크리스트, 첨단기계 장비, 고가의 시스템을 보기 좋게 구비하는 것으로 끝나는 것이 아니라, 그것을 소화하고 체득해 자신이 정한 절대적 실적을 냈을 때 제대로 평가하는 성과중심의 기업풍토를 갖춰야 한다.

가장 효과적인 교육방법은 현장 중심으로, 일을 통해 가르치는 것이다. 교육이란 머리로 받아들여 몸으로 익히는 작업이다. 머리로 이해했다고 교육이 끝나는 것이 아니다. 최신 이론을 전달하고 사례를 소개하고 '파이팅!' 하고 정신무장하는 것으로 끝이 아니다. 교육 담당자나 강사는 할 일 다 했다고 생각할 수도 있지만, 천만의 말씀. 실제로 현장에서 효과를 입증해야 비로소 교육이 마무리된다. 따라서 교육은 반드시 일과 연계시켜야 하고, 그 과정에서 수도 없는 시행착오를 각오해야 한다.

학습효과가 가장 확실한 방법은 가르치는 사람이나 상사가 같이 일해보는 것이다. 가르칠 때는 다 알아듣는 것 같던 사람도 막상 실전에서 교육받은 것과는 딴판으로 하는 경우가 허다하다. 조그만 일 하나 하는 동안에도 온갖 변수가 다 생긴다.

교육은 짧은 시간에 많은 것을 압축해서 주고받는 것이다. 마치 파일을 압축해서 다른 사람에게 전달하는 것처럼 말이다. 일은 그렇게 압축한 내용을 현장에서 풀어내 사용하는 것과 같다. 그래서 실제로 적용해보면 교육받을 때 제대로 이해하지 못한 부분이나 부족한 부분들이 나온다. 그럴 때마다 다시 점검하고 개선할 수 있도록 재차 가르쳐야 한다.

학습은 반복이다. 그래서 지루한 것도 사실이다. 그런 점에서 학습은 책과 닮았다. 좋은 책을 읽는다고 곧장 내 것이 되는가? 그렇지 않다. 한 번 읽고 완전히 자기 것으로 소화할 수 있다면 성공 못할 사람이 어디 있겠는가. 한 번 읽을 때는 줄거리를 알고 책 내용을 대강 이해하는 정도다. 내게 중요한 내용이 무엇인가를 확인하려면 한 번 더 읽어야 한다. 그다음에는 어떻게 적용할지 생각하면서 읽는다. 그다음에는 적용해본 후 부족하다고 생각되는 부분을 확인하면서 읽는다. 수정할 부분은 없는지 생각하면서 또 읽는다. 책도 머리로 이해한 것으로 끝내는 것이 아니라 몸으로 터득해 내 것으로 만들려면 한 번 읽어서는 부족하다. 독서도 학습도 어느 정도 결실을 거두기까지는 지루할 수밖에 없다.

이 지루한 과정을 잘 통과하려면 일이 자기성장과 인간성장의 발판이 되고, 학습의 결실은 일의 과정과 결과로 고스란히 이어진다는 사실을 항상 상기해야 한다. 공부해서 일에 적용하고 시행착오를 겪으며 수정하고 또 수정하다 보면 능력은 저절로 향상되게 돼 있다.

더 잘하는 방법이 없을지 고민하다 보면 결과도 올라가고 평가도 올라간다. 삶의 질이 높아진다.

'일이 곧 학습이고 학습이 곧 일'이라는 인식은 전사적으로 공유될 때 비로소 실효성이 있다. 가르치는 사람이 한두 차례 OJT로 교육을 갈음하려 하거나, 배우는 사람이 상사의 조언을 잔소리나 괜한 참견으로 받아들인다면 학습과 일의 합치는 불가능하다.

'나 하나 변한다고 뭐가 달라지겠냐'고 말하는 사람치고 변화를 행복하게 받아들이는 사람은 없다. 내가 달라지고 내 주위가 조금씩 달라지는 것을 느낄 때, 그런 희망을 버리지 않을 때 마침내 사람 자체가 달라지며 세상이 달라진다. 아름다운 꽃밭도 다 같이 꽃을 피웠기 때문에 만들어지는 것과 같은 맥락이다.

교육하고 학습하는 문화가 정착되려면 이 모든 것이 다 같이 성장하기 위한 것이고 다 같이 꽃을 피우기 위한 작업이라는 공감대가 필요하다. '이 나이에 무슨 공부?', '배워서 뭐 하겠어?', '교육이 다 그렇지 뭐', '내가 듣는다고 뭐 달라지겠어'라는 말들이 스스럼없이 나오는 조직은 분명히 문제가 있다.

나 혼자 꽃피운다고 뭐가 달라지겠냐고 실망하다 보면 실의에 빠져 결국 내가 죽고 만다. 전체를 병들게 하는 나무로 지목돼 가장 빨리 뽑혀나간다. 내가 꽃을 피우면 옆 사람도 상대도 그 힘을 받아 꽃을 피운다. 나도 꽃피우고 그 사람들이 꽃을 피우면 결국 내 주변은

온통 꽃밭이 된다. 학습에는 그런 힘이 있다.

저 사람이 꽃을 피우지 않는다고 나도 꽃피우는 것에 무관심하다면 주인은 땅을 갈아엎어버릴 것이다. 남을 탓할 필요도 없다. 싹을 제대로 틔우고 꽃을 피워보라. 주인 농부는 그런 꽃을 그냥 내버려두지 않는다. 갈아엎는 상황이 오더라도 먼저 잘 피어난 꽃들부터 따로 옮겨 심을 테니 말이다.

불만을
바꾸면
제안이 된다

　'세상에 없었던 것을 만들어내는 창조는 없다'는 말이 있다. 획기적인 혁신적 창조물도 사실은 이미 있었던 것들을 융합하고 화학작용해서 만들어내는 것이라는 의미다. 우리가 속해 있는 조직도 창조성을 발휘하기 위해서는 각 개인이 가지고 있는 역량들을 활용하고 융합해야 한다.

　일을 하다 보면 의외의 대목에서도 많은 고민거리가 존재한다는 것을 절감하곤 한다. 잘나가는 회사나 어려운 회사나 다를 바 없다. 다만 위로 올라가는 조직은 문제들을 모두 한마음으로 합심하여 풀어가는 반면, 쪼그라드는 조직에서는 문제점을 나열하며 안 된다고 말할 뿐이다.

어떻게 보면 우리의 사전 지식들은 띄엄띄엄 알고 있는 잡학지식에 불과하다. 평소에는 생각지 못했던 문제들이 불거지면 우리는 그런 자투리 지식들을 모아 문제를 해결하는 작업을 한다. 잡학지식을 모아 깊이 생각하다 보면 해당 주제에 대해 제대로 알고 싶은 학습욕구가 생기게 마련. 학습을 통해 새로운 지식을 축적하고 현실의 문제를 대면하면 앎의 폭과 깊이가 더해지면서 현실과 이론의 간극이 좁혀진다. 현실에 사고력, 상상력, 감각 등이 가미돼 새로운 것을 창출하게 되는 것이다. 그런 일들이 반복적으로 일어나 새로운 상품이나 블루오션을 낳도록 배움을 멈추지 않는다면 새로운 개선활동이나 효율적인 경영으로 이어질 수 있다.

조직의 규모가 커지고 비즈니스가 확장될수록 기업들은 더 적극적으로 사내 제안제도를 활용할 수밖에 없다. 회사 경영진이나 일부 전략부서의 머릿속에서 나오는 아이디어에는 한계가 있다. 전사적인 아이디어가 필요하다. 업무시간 내내 현장에서 고객들과 부대끼는 일선 직원들의 아이디어를 활용해야 한다. 그래야 고객의 기대치를 뛰어넘는 신속한 업무개선으로 떠나려는 고객을 붙잡을 수 있다. 또 판도를 바꾸는 특허나 선행기술을 확보해 경쟁력을 키울 수 있다. 조직과 개인이 같이 상생하고 발전할 수 있는 길이다. 이것은 어느 한 개인이나 한 부서의 책임이 아니다. 가점을 주는 제안제도는 직원들의 생각 문을 열게 하고 많은 기회를 부여한다. 나아가 조직 전체에 학습욕구를 일게 하고, 혁신의 가능성을 키우게 해준다.

국내 최고의 먹는샘물 브랜드 '삼다수'를 생산하는 제주자치노개발공사는 2004년부터 혁신에 착수해 많은 개선을 이루어내 주목받았다. 혁신 프로젝트의 중심에 있었던 것은 다름 아닌 제안제도. 이들은 유명무실하게 운영되던 기존의 제안제도 절차를 간소화하고 보상체계를 보완해 다시 시행했다.

그럼에도 처음에는 '말해봤자 되겠어?', '잘 모르는 내가 뭘 제안한다고…' 하며 소극적이었던 직원들이 많았다고 한다. 그러나 제안사항이 제도개선에 실제로 반영되는 것을 보고 하나둘씩 목소리를 내기 시작했다. 그 결과 2004년에 171건이던 제안이 2005년에는 400여 건으로, 2009년에는 3,630건으로 급격히 증가했다. 병 세척에 사용한 물을 인근 공원 분수대에 공급한 것이나 농장 보일러 연료를 교체한 것, 부자재 구매방법을 개선한 것 등, 현장에서 나온 아이디어는 곧바로 원가절감 및 생산성 향상으로 직결됐다.

그들이 제안제도를 시행해 거둔 유형적 성과는 2004년 1억 4,500만 원에서 2007년에는 17억 4,700만 원으로 10배 이상 상승했다. 물론 수치로 산정하기 어려운 구성원들의 성취감, 학습효과는 그 이상일 것이다.

활발한 제안제도를 통해 번영을 구가하는 기업의 예는 드물지 않다. 가장 유명한 모델은 일본의 미라이공업이다. '유토피아 경영'으로 알려진 야마다 아키오(山田昭男)의 경영방식은 괴짜 그 자체. 일일 7시간 근무에 엄청난 휴가일수, 제비뽑기로 승진을 결정하는 등 체계라곤 하나도 없어 보이는 이 회사가 마쓰시타 같은 업계의 공룡을 이길 수 있었던 것은 그들의 제안제도 덕분이었다.

이 회사에서는 어디를 가든 '항상 생각한다'와 '왜? 왜? 왜?'라는 문구를 볼 수 있다. 그냥 열심히 일하는 것이 아니라 생각하면서 일하자는 의미다. 야마다 아키오는 "대기업이나 경쟁업체를 이길 수 있는 유일한 방법은 그들과 다르게 생각하는 것, 그들이 생각하지 못한 데까지 생각하는 것"이라고 강조한다.

그의 소신대로, 직원들은 평소 생각했던 아이디어를 제안서에 작성해 제출하고, 회사는 제안제도를 통해 가점을 준다. 매년 1만 건의 제안이 쏟아지고, 개중에는 1년에 200건 이상의 제안서를 낸 직원도 있다. 직원들의 제안으로 개선된 곳에는 '개선제안 실시장소'라는 초록색 마크를 붙여둔다. 그 자체가 제안자에게 뿌듯함을 주는 장치다. 현재 미라이가 생산하는 제품의 98%는 특허 등록돼 있다. 직원들의 제안이 대기업을 이기는 힘임을 단적으로 보여주는 수치다.

직원들의 작은 고민들이 모이면 전사적으로 성장할 수 있는 답이 나온다. 또한 개인에게 '제안'은 일상에서 혁신을 실천할 수 있는 가장 좋은 방법이다. 비즈니스 정글에서는 제안을 열심히 실천해 좋은 평가를 받은 이들이 부지기수이며, 자신의 운명을 바꾼 이들도 적지 않다.

창조경영연구소를 운영하는 윤생진 대표는 고졸 기능직 사원으로 출발해 금호아시아나그룹의 전무 자리에 올랐던 입지전적 인물이다. 그의 필살기는 다름 아닌 '제안'이었다. 공장에서 일하던 시절부터 하루 평균 7건, 한 달에 200여 건씩 업무개선을 위한 제안을 계속했다. 그중에는 타이어에 페인트를 칠하는 수동식 기계를 개조해 완전무인화 기계로 만들어 연간 1억 원의 비용절감 효과를 거두는 등 굵직굵직한 것만 10여 건이 넘는다. 그 덕분에 남들은 한 번도 하기 힘들다는 특진을 7번이나 거듭해 마침내 '회사의 별'인 임원배지를 달 수 있었다.

학습 없이 제안 없다

제안제도를 운영하는 회사들은 영역의 제한을 두지 않는다. 전략기획, 상품기획, R&D, 구매 SCM, 품질, 서비스, 생산, 업무지원, 인사, 마케팅, 영업 등 모든 분야에서 평소 느꼈던 불편과 불만을 아이디어로 승화할 수 있다.

그러나 머릿속에 떠오르는 것이 있어야 제안도 할 것 아닌가. 러시아 속담에 '숲을 거닐어도 땔감을 발견하지 못한다'는 말이 있다. 평소 업무개선에 대해 관심이 없고 생각이 없으면 주변에 개선할 것이 널려 있어도 아이디어를 떠올리지 못한다. 눈에 보이는 만큼, 아는 만큼 혁신하는 법이다. '척 보면 아는' 업무 달인들의 직감적인 능력 또한 알고 보면 숱한 훈련, 경험, 학습의 결과다.

학습량은 예지력과 직관력을 키워준다. 의사결정을 신속하고도 정확하게 할 수 있는 것은 학습량 때문이다. '문제가 생길 때마다 책에서 답을 찾았다'는 어느 CEO의 말은 빈말이 아니다. 제주자치개발공사는 제안제도를 실시하면서 학습의 중요성을 절감하고 기존의 3조 3교대 근무제를 4조 3교대제로 전환해 팀원의 학습시간을 제도적으로 보장했다.

제주자치개발공사의 고계추 전 사장은 제안 잘하는 방법에 대해 이렇게 설명했다.

"개선하고 싶은 대상이 있으면 아주 세밀히 관찰해야 한다. 그렇지 않으면 보이지 않는다. 관찰을 하려면 첫째, 알아야 한다. 현상을 정확하게 알아야 대안이 나온다. 관찰력은 통찰력과 같은 맥락에서 생각할 수 있다. 사물에 대한 통찰력이 없으면 새로운 생각을 할 수가 없다. 통찰력을 키우는 것은 일을 잘게 쪼개서 보는 것과 똑같다. 세밀하게 쳐다봐야 관찰할 수 있다."

다양한 경험은 다양한 생각과 깊이 있는 고민을 낳는다. 그런 경험들이 쌓이면 학습하고 경험하는 감각신경이 발달할 것이고 감각능력, 지각능력도 진화한다. 다만 학습과 연습 없이 실전만으로 직관력이 올라가지는 않는다. 반대로 연습만 해서 직관력이 올라가는 것도 아니다.

업무 속에서 문제점을 관찰하고, 그것을 제안하면서 학습하고, 문제점을 개선하면서 조직과 개인이 함께 성장해야 한다. '관찰 – 학습 – 제안 – 역량강화'로 이어지는 과정이 톱니바퀴처럼 맞물리며 순환운동을 할 때 혁신이 일상에서 자연스럽게 일어날 수 있다.

의식개혁은
가장 작은
것에서부터

발전 없이 후퇴하는 조직은 한번 성공에 취하면 여유를 부린다. 안정적인 매출이 나오기 시작하면서 다들 긴장감을 풀어버려 긴박감도 없고 속도도 떨어진다. 일하는 분위기도 업계에서 살아남기 위해 다함께 치열하게 해왔던 과거와는 서서히 달라진다. 친목회 분위기, 쉬는 시간의 학교 교실 분위기로 빠져든다. 새로운 성과를 기대하기 힘든 조직으로 변하는 것이다.

일하는 내부는 어지럽고 지저분해진다. 공동으로 사용하는 장소는 더러워진다. 리더부터 월급쟁이 습성으로 변한다. 그 밑에서 일하는 직원들은 점점 어디 가도 경쟁력 없는 사람으로 변해간다.

흔히 규율이 느슨한 조직에서 '가족적인 분위기'라고 자랑하듯이 말하는데, 이 말을 어떻게 이해하고 실천하느냐에 따라 망하는 집이 있고 흥하는 집이 있다. 긍정적인 의미의 가족적인 분위기는 결코 게으르고 나태한 집이 아니다. 오히려 부지런하고 활기 넘치는 집을 만들자는 것에 가깝다.

청소를 통해 패배주의를 극복하다

자신이 속한 조직의 분위기가 좋지 않다면 여러 가지 이유가 있겠지만, 결국 사람이 문제다. 구성원들의 나쁜 습관이나 태도, 못된 성질, 비뚤어진 인성을 고치지 않으면 분위기 쇄신은 불가능하다.

이는 마치 열매를 맺는 과실수의 뿌리와 같다. 열매가 부실하면 근본을 고쳐야 한다. 튼튼한 뿌리가 거친 비바람에도 나무를 지키고 때가 되면 어김없이 멋진 꽃을 피우고 열매를 맺는 것처럼, 제대로 된 사람이 결국 회사를 키운다. 열심히 끊임없이 수액을 퍼 올리며 호흡을 하고 영양분을 나르는 기본이 튼튼하기 때문이다.

흐트러진 내 일상, 망가진 생활, 무엇부터 해야 할지 모를 암담한 상황에 처해본 경험이 있을 것이다. 그때 주변 청소부터 깔끔히 하고 나면 한결 마음이 가벼워진다. 일이 뜻대로 되지 않아 마음이 심란하고 일이 손에 잡히지 않을 때도 흐트러진 주변을 정리하고 청소를 하고 나면 마음이 새로워진다. 절망에서 다시 희망을 보는 것이다.

하지만 마음이 심란하더라도 심기일전해서 잘해보겠다는 생각이 없으면 청소는커녕 손가락 하나도 까딱하기 싫어진다.

망한 회사들, 적자를 내고 무너진 기업들은 하나같이 직원들이 이 기주의에 빠져 있었다. 어느 회사를 가든 이 회사가 잘되는지 아닌지 알 수 있는 몇 가지 단서가 있다. 복도에 휴지가 떨어진 채 그대로 있다면, 공동으로 쓰는 기기가 고장 난 채 어수선하게 방치돼 있다면 그 회사의 앞날은 빤하다. 내 경험에 비춰봐도 적자를 내는 기업이나 실적이 형편없는 지점, 영업소에 가보면 화장실, 탕비실, 휴게실, 쓰레기통 주변 등이 하나같이 지저분했다.

현장 몇 곳을 보면 그 조직의 결속력이나 저변에 흐르는 의식을 알 수 있다. 배려하고 아끼는 팀정신 말이다. 리더가 현장에서 수시로 소통하고 궂은일도 솔선수범하는 정신이 없으면 팀원들의 움직임도 제각각이다. 쓰레기통에 쓰레기가 넘쳐도 그냥 지나친다. 리더나 해당 간부가 현장을 돌며 팀원들을 챙기고 있지 않다는 것이다. 팀원들도 팀과 내가 별개이고 내 일이 아니라고 생각하게 된다. 그런 곳에서 의욕을 가지고 내 일처럼 하려고 하면, 주변에서 '너는 뭐 하러 그런 짓을 하냐'며 견제가 들어온다. 공멸로 가는 길이다. 회사가 어떻게 되든 관심이 없는 사람들로 채워졌으니 말이다.

파탄한 JAL의 재건을 위해 2010년 초 CEO를 맡은 이나모리는 청소하는 것부터 시작하라고 말했다. 파일럿이나 승무원들이 아무리

선망의 대상이라도 고객들에게 오만하고 거만하게 보여서는 안 된다고도 말했다. 마음을 담아 고객에게 감사할 줄 알고, 비행이 끝나면 두 팔 걷고 청소할 줄도 알아야 한다고 했다. 진심으로 고객을 위하고 일을 사랑하고 동료들을 아끼는 마음이 행동에서 묻어나야 고객이 JAL을 다시 찾는다는 것이다.

그때부터 JAL의 파일럿과 승무원들은 비행이 끝나면 기내청소를 했다. 전문적인 청소는 아니지만 신문지를 모으고, 빈 컵과 음료수병, 떨어진 오물들도 치웠다.

처음에는 고액 연봉자의 자존심이 구겨졌다고 불쾌해하는 이들도 있었다. 그러나 불만은 잠시, 이내 동료애가 생기고, 청소가 빨리 끝나니 다음 비행 준비를 하는 데도 도움이 됐다. 몸을 조금 움직여 청소 일손을 도움으로써 비용도 줄이고 좋은 서비스가 가능해졌다. 허드렛일에 동참하는 작은 변화는 일과 회사에 대해 애착으로 이어졌고, 그런 직원들의 서비스를 받은 고객들도 JAL을 더 좋아하게 됐음은 물론이다.

후지필름은 2000년대 들어서부터 10년 넘게 구조개혁과 혁신을 이어오고 있다. 중간에 실적이 좋을 때도 있었지만, 세계적인 금융위기 등으로 또 위기를 맞았다. 그러자 경영진부터 직원들까지 전사적으로 월급을 깎고 비용을 줄였다. 그러고는 몸을 움직이기 시작했다.

"월급이 줄어들어 궁핍해졌지만, 비용을 줄이고 청소를 하면서 사랑하는 동료들과 가족을 생각하게 됐다. 이미 떠난 옛 동료들이나 사랑하는 사람들을 떠올리면서 이 정도는 아무것도 아니라는 생각을 했다."

적자를 내 파산 직전까지 갔던 회사를 다시 살린 직원들의 이야기다. 회사만 제대로 돌아가고 열심히 할 수 있는 직장을 잃지 않는다면 무슨 일이든 못하겠냐는 생각을 했다고 한다. 처음 직장생활을 시작했을 때의 생각, 처음 회사에 들어와 뭐든지 열심히 해보겠다는 그 정신, 초심을 일깨운 것이다.

초심을 잃지 않는 기업은 무너지지 않는다. 나아가 남들과 함께하는 공간을 자발적으로 청소하는 것은 생활의 기본 중 기본이다. 기본이 잘된 기업이 결국 최강이 된다. 청소 같은 기본 규율은 인성에서 나오고, 솔선수범하는 실행력은 능력을 빛나게 해준다.

일본전산이 그것을 확실하게 증명했다. 일본전산은 적자에 허덕이는 전통 있는 기업들을 인수하는 대형 M&A를 30건 이상 성사시켰다. 모두 파산지경에 빠져 있던 기업들이었지만 일본전산으로 들어오면서 1년 만에 흑자로 전환했다.

일본전산의 나가모리 시게노부 사장은 청소로 시작하는 의식개혁의 신봉자다.

"적자를 냈던 기업은 하나같이 화장실을 비롯해 주변이 지저분했다. 화장실 청소를 제대로 할 수 있게 되자 모두 흑자로 바뀌었다."

화장실처럼 다 같이 사용하는 곳을 깨끗이 할 수 있는 의식이 그만큼 중요하다는 것이다. 그 의식의 핵심은 주인의식이고 같이 일하는 동료를 배려하는 동료애다. 또 고객까지 생각하는 마음씀씀이다. 왜냐하면 고객이 회사를 방문했을 때 가는 곳이 대부분 접견실이나 화장실이기 때문이다.

그래서 일본전산으로 들어온 적자기업의 간부들은 일종의 '세족식'을 치르듯이 화장실 청소를 한다.

맨손으로 화장실 청소를 하면서 자성의 시간을 갖고 솔선수범하는 정신으로 회사를 살리는 데 앞장서겠다고 다짐한다. 동고동락했던 동료를 구조조정해야 했던 미안함, 그것은 곧 '내가 일을 어떻게 하느냐에 따라 동료가 해고될 수도 있다'는 무서운 현실을 깨닫는 순간이기도 하다.

그전에는 청소는 전문업자들이 하는 것이라고 생각했다. 화장실에 물이 새고 대변기가 막혀도, 여기저기 지저분해도 내가 할 일이 아니라고 생각했다. 유기적으로 일해서 성과를 내야 생존할 수 있는 조직이 따로따로인 모래알이 된 것이다. 비극의 시작이었다.

간부들에게 화장실 청소를 맨손으로 해보자고 하자 모두들 몸과 얼굴이 굳어졌다. '이걸 어떻게?'라는 생각에 옆 사람 눈치만 살핀다. 지저분한 대변기에 손을 집어넣고 닦아낼 생각을 하니 역겨움이 밀려온다.

마침내 재건팀 임원 한 사람이 먼저 나섰다.

먼저 주변에 떨어진 휴지를 줍고, 대변기에 물을 뿌린 후 물을 한 번 내렸다. 어느 정도 깨끗해졌다.

그러고는 손에 휴지를 둘둘 서너 번 감았다. 손바닥으로 직접 닦을 때 느껴야 하는 역겨움을 줄이기 위한 고육지책이다. 지저분한 부분은 손바닥에 힘을 주어 깨끗이 닦아냈다.

마지막으로 물을 다시 내리면 가장 하기 어려운 대변기 내부 청소는 끝이 난다. 가장 어려운 부분을 했으니, 나머지 청소는 문제가 아니다.

일본전산이 인수된 기업의 간부에게 치욕감이나 모멸감을 주기 위해 이런 행사(?)를 마련한 것은 아니다. 리더가 솔선수범하여 자기반성과 동료에 대한 감사를 하고, 극기심을 키우는 계기를 주기 위한 자리다. 간부들의 화장실 청소 체험은 '내가 동료들을 위해, 부하들을 위해 정말 애정을 가지고 일했느냐'를 처절하게 되새기는 계기가 된다. 전사적인 의식개혁의 시작인 셈이다.

실제로 일본전산은 초창기에 화장실 청소를 하고 나서 직원들의 고객 서비스가 달라지는 효과를 보았다. 어느 임원은 그때를 이렇게 회상한다.

"고객사에서 전화가 왔다. 당신 회사 직원 참 대단하다. 일이 야무지다. 아침에 오면 인사도 잘하고, 일이 끝나면 주변 청소를 참 잘한다. 요즘 그런 사람 드물다."

고객 서비스는 직원이 전문가로서 고객을 돕는 것이다. 고객은 직원의 전문기술이 어느 정도 수준인지 잘 모른다. 기술적인 능력이나 업무처리 능력은 당연하다고 생각하고 별다른 차이를 못 느낀다. 하지만 인간성은 다르다. 고객에 대한 친절, 예의, 알기 쉬운 설명 능력 같은 인간성이나 기본기는 느낌으로 확 와 닿아 금방 알아챈다. 즉 고객은 담당자의 기술력은 당연히 받아들여 칭찬하지 않다가, 인간성이 좋으면 그때는 칭찬하고 싶어 한다는 것이다. 그것으로 되돌릴 수 없는 격차가 생긴다.

신입사원이든 간부든 고객에게 정성을 다하는 것은 직업인으로서 당연한 것이다. 작은 일이라고 당연하게 하지 않고 소홀히 한다면 고객에게 '빵점'으로 기억될 뿐이다.

휴지를 주울 줄 아는 사람은 어디를 가도 무너지지 않는다

리더부터 몸소 허드렛일을 실천하는 일본전산의 문화는 회사와 조직에 대한 진정한 로열티를 갖게 하고, 열정과 도전정신을 배양하는 근간이 되었다.

나아가 나가모리 사장은 청소만 제대로 할 수 있으면 어딜 가도 무너지지 않는 인재가 된다고 강조한다.

예를 들어 탕비실이나 화장실 청소를 제대로 할 줄 아는 인재라면 뭐든지 할 수 있다. 남이 싫어하는 일도 마다하지 않고 잘해내는 사람에게는 누구나 마음을 열고 믿게 된다. 자기 일만 챙기는 사람이 아니기 때문이다. 혼자만 잘하면 된다고 생각하는 사람은 다른 사람의 처지나 공용으로 사용하는 것들에 별 관심이 없다. 그래서 현명한 리더들은 이런 사소한 대목에서 팀워크를 진단하고 팀의 실적을 가늠하곤 한다.

팀의 성패는 애사심이나 동료를 배려하는 정신이 좌우한다. 다 같이 사용하는 곳을 제대로 청소하다 보면 궂은일을 하는 사람들의 심정을 이해한다. 부하직원들을 이해한다. 다음에 그 장소를 사용할 동료들을 생각한다. 회사의 물건을 마구잡이로 쓸 수 없다는 생각을 하고, 망가진 것을 보고 그냥 지나칠 수 없게 된다. "전사적으로 청소 캠페인을 했더니 영업사원들이 회사 차량을 청소할 줄 알게 되고, 연비를 아껴가면서 운전하는 습관으로 바뀌고, 회사 물건을 자기 물건 쓰듯 아끼기 시작했다"는 어느 CEO의 경험담은 결코 빈말이 아니다.

솔선수범해서 화장실 청소를 해본 사람은 회사에 대해, 사장, 상사, 동료, 부하직원에 대해 적어도 감사할 줄 안다. 물론 무조건 고마워한다는 뜻은 아니지만, 기본적으로 애사심을 가지고 신뢰를 쌓을 수 있게 된다는 의미다.

동료들은 일을 통해 성공하는 데 정말 소중한 사람들이다. 인생에서 많은 시간을 같이하는 사람들이다. 회사는 대부분의 사람들이 가장 많은 에너지를 투자하는 장소다. 화장실 청소는 애사심이나 동료애 같은 각별한 마음이 없으면 깨끗이 하기 어렵다. 다른 사람의 입장을 생각할 수 있는 힘이 없으면 하기 힘든 일이다.

사소한 것에서부터 동료를 배려하기 시작하면 '나 혼자 배불리 먹으면 된다'가 아니라 '동료들도 소중하다'는 생각을 하게 된다. 내 가족이 소중하면 동료들의 가족도 소중한 것처럼 말이다. 다 같이 잘 해보자는 것이고, 다 같이 성공하자는 것인데 뭐든지 못할 게 없다는 생각이 든다. 나아가 이왕 할 거면 즐겁게 하자는 팀플레이 정신까지 싹튼다.

그런 작은 배려나 동료애, 팀플레이 정신은 작은 활동에서부터 전사적으로 확대된다.

우선 다른 부서의 입장과 생각을 이해하게 된다. 영업, 설계, 개발, 마케팅, 홍보, 구매 등 이해관계가 다른 부서에 찾아가 다양한 의견을 경청하고 부족한 부분은 학습할 생각을 한다. 브리핑을 해야 한다면 바쁜 시간을 내 참가해주는 사람들을 위해 미리 시뮬레이션이라도 해보며 준비할 것이다. 그런 배려가 팀과 조직의 결속력으로 이어지고, 다른 사람들을 참여시키고 공감을 얻어내면서 실적개선으로 연결된다.

이처럼 청소 하나만 가지고도 구성원들의 의식을 상당 부분 바꿀 수 있다. 그러니 처음부터 전면적인 개혁을 하기가 부담스럽거나 막막하다면, 일상생활의 작은 것부터 바꾸려 시도해보라. 근태를 지키는 것, 부서 간의 관계나 상하 간에 지켜야 할 규율을 준수하는 캠페인을 벌이는 것은 어떤가. 출퇴근 인사를 활기차게 하는 것으로도 많은 변화가 일어난다. 그러니 시간이 없다, 여유가 없다고 실천을 미루지 말고, 지금부터 작은 부분에서부터 하나씩 바꿔나가자.

떠나면
그리워질
회사를 만들어라

창업설명회나 창업교육센터에 가서 사람들을 만나보면 '헌신하다 헌신짝 됐다'는 명퇴자들이 의외로 많다. 억울하다는 하소연이다. 그러나 그렇게 억울하게 명퇴자로 몰린 선배들도 하나같이 "자기 경쟁력을 부지런히 키울 생각 안 하고 시키는 일만 열심히 하는 것이 결코 정답은 아니다"라고 말한다. '생각 없이 시키는 일만 열심히 하지 말라'는 따끔한 충고다.

남이 시키는 일만 하다 보면 남을 위해 헌신하고 있다고 착각하게 된다. 또 그렇게 생각 없이 고민할 것 없이 일하기 때문에 아무리 일해도 실력이 늘지 않는다. 그렇게 하루하루 보내다간 어느 날 갑자기 인건비도 낮고 말 잘 듣는 사람이 나타나서 '이제부터 내가 하기로 했다'고 할지 모르는 일이다.

회사에 로열티와 희생정신을 가져야 한다고 말하면 '무조건 상사의 말에 복종하는 것'이라고 받아들이는 사람들이 있다. 이들은 '자네 생각은 어떤가?' 하고 물어봐도 식은땀만 흘리고 한마디도 못하고 있다가, 상사가 지침을 내려주면 그때서야 한숨을 쉬며 분주히 뛰어다닌다.

명민한 상사라면 이런 직원들을 '회사에 헌신하는 훌륭한 직원'이라고 생각하지 않는다. 오히려 시시콜콜한 것까지 시켜야 일이 되는 답답한 직원이라 생각한다. 시키는 일만 하면 단순하고 수준 낮은 일만 많아진다. 알아서 할 수 있는 일은 없고 시켜야 움직이는 사람에게는 기계적인 일만 시킨다. 당연히 발전도 없다.

언제든지 쉽게 대체할 수 있는 사람은 생각 없이 일하는 사람이고, 누구나 쉽게 대체할 수 없는 사람은 생각하면서 일하는 사람이다. 측정 가능한 일만, 매뉴얼대로, 체크리스트가 있어야 할 수 있는 사람은 내일이 위험한 사람이다. 그 단계 위에서 일할 수 있어야 '헌신짝'이 되지 않는다.

요컨대 헌신하는 것이 아니라 자기 투자를 해야 한다는 말이다. 조직에 쓸 만한 사람, 사회가 필요로 하는 제품과 서비스를 만들어낼 수 있는 사람이 되도록 부지런히 투자해야 한다.

세스 고딘은 《린치핀》을 통해 헌신짝처럼 쫓겨나는 사람들을 언급하며 누구도 대체할 수 없는 꼭 필요한 존재, 조직의 핵심인재가 돼야 한다고 강조한다. 맞는 말이다. 그러나 그보다 더 중요한 것은, 핵심인재가 된 후 자신과 같은 인재를 육성할 수 있는 리더로 성장하는 것이다.

최고 기업이 되기 위해서는 최고의 인재들이 계속해서 나와야 한다. 회사는 다른 회사가 따라올 수 없는 수준으로 일할 수 있는 인재를 양성할 책임이 있고, 그 인재는 다시 그 이상의 후배를 양성하는 시스템을 구축해서 인재를 키워내야 한다. 그래야 개인과 조직이 공생공존하면서 살아남을 수 있다.

그 속에서 10년, 100년의 먹거리를 책임져줄 인재가 배출되는 것이고, 새로운 창조적 기술이 나오고 신수종이 탄생한다. 동시에 그런 조직을 이끌어내는 리더들이 나오게 된다.

만약 리더들을 꾸준히 키우지 못한 채 한 명의 슈퍼스타에게만 의존한다면 당장은 편할지 몰라도 슈퍼스타가 퇴임할 때 회사는 치명상을 입고 주저앉는다. 흔히 말하는 'CEO 리스크'다.

회사나 경영진이 느끼는 가장 큰 리스크는 자신 대신 책임지고 일할 핵심인재가 사라지는 것이다. 핵심인재가 갑자기 떠나고 그 자리를 대체할 후보군이 없을 때 리더는 가장 큰 고민에 빠진다. 반대로 지속적인 성장을 구가하고 있는 기업들은 차세대를 책임질 인재풀이 풍부하다. 누가 와도 최고의 성과를 낼 수 있는 회사운영을 목표로 차기 리더를 계속 육성한다.

유니클로와 H&M은 패스트패션(SPA)으로 세계 의류업계에서 돌풍을 일으키며 성장하고 있는 기업이다. H&M은 스웨덴 대표기업인 볼보와 에릭슨을 제치고 스웨덴 최고 기업에 올랐다. 또 장기불황 속에서 급성장한 유니클로는 CEO 야나이 타다시(柳井正) 사장을 〈포브스〉 선정 일본 최고의 갑부로 만들었다.

이 두 회사의 공통점은 인재중심, 인재육성이다. 남녀 불문하고 학벌이나 스펙을 떠나 진정한 실력을 갖춘 인재를 내부에서 육성하는 것이다. H&M은 "훗날 나를 잡아먹을 호랑이가 될지라도 내 자리를 대신할 'NEXT ME(후계자)'를 키우라"고 한다. 유니클로는 "인재를 키우지 못하는 사람은 그 자신도 결코 클 수 없고 리더에 오를 수 없다"며 선임이 후임을 육성하고 점장이 점장후보들을 육성하는 강한 문화를 구축하고 있다.

두 기업은 모두 차세대 리더를 육성하기 위해 리더의 책임을 분명히 한다. 리더나 리더가 될 사람에게는 본인이 없어도 그 자리를 대신할 수 있는 후계자를 양성할 책임이 있다는 것이다. 이에 대한 공감대와 기업문화가 형성돼 있어서 유니클로나 H&M은 입사 초기부터 직원들의 리더십을 키우게 한다. 그냥 지시받은 일, 맡은 일을 하는 것으로 끝내지 않고 내가 선임이 됐을 때, 부지점장이 됐을 때, 점장이 됐을 때 어떻게 하겠다는 준비를 하게 한다.

직원들은 그 과정에서 자연스럽게 '어떤 리더가 좋은 리더인지'를 고민하게 된다. '나 같으면 이럴 때 어떻게 지도할까', '어떻게 동기부여할까'를 고민한다. 그러면서 인간적으로나 업무실력 면에서 놀라운 성장을 보인다. 그런 고민을 하면서 상사가 된 사람은 리더십을 발휘하는 것도 다르다. 반면 그런 고민 없이 리더에 오르면 사원일 때의 일들을 잊고, 밑에 있는 직원들이 어떤 고민을 하고 있는지도 망각한다. 직원들과 공감도 못하고, 배려도 없고, 직원을 키우지도 못하는 리더가 된다. 개인과 조직에 엄청난 해악이 아닐 수 없다.

인재가 크지 않는 조직이라면 그 기업도 성장을 멈출 것이고 거기서 일하는 사람도 희망이 없다. 따라서 리더는 구성원이나 팀원들의 적극적인 동참을 이끌어내 누가 담당해도 일정 수준 이상으로 일할 수 있도록 시스템을 구축해야 한다.

영속하는 회사는 리더의 자질을 판단할 때 후배를 자기 이상의 인재로 양성할 수 있는 능력이 있는지도 꼼꼼히 살핀다. 다른 회사에서 도저히 따라올 수 없는 수준의 인재를 얼마나 양성할 수 있는지가 가장 큰 경쟁력이고, 그런 일을 한 사람이 실력과 인재양성 능력을 갖춘 리더로 인정받는다. 그리고 그런 사람들이 조직의 사기를 진작시킨다. 주변 사람들이 성장할 수 있도록 영향을 미치기 때문이다.

누가 와도 발전하는 회사를 만들어라

내가 지금 열심히 일하고 있는 회사에서 오래 일하고 싶다면 어떤 회사를 만들어야 하는가. 그 답을 얻기 위해서는 스스로 이런 질문을 해보면 된다. '같이 일하다 다른 곳으로 이직한 동료로부터 '떠나길 잘했다'는 이야기를 듣고 싶은가, 아니면 '그때가 좋았다'는 말을 듣고 싶은가?'

세상에서 가장 무서운 회사가 어떤 회사인지 아는가? 최고의 실적을 올리던 직원이 다른 회사로 이직했을 때에도 별 타격을 받지 않고 과거만큼의 실적을 유지하는 회사다. S급 인재의 성과가 개인이 아닌 조직의 역량에서 나온 것이며, 그가 빠져나가도 타격이 없을 만큼 시스템이 잘 갖춰져 있다는 증거다. 자기 능력만 믿고 새로운 회사로 이직한 직원은 새로운 직장의 시스템 수준에 실망하거나 새로운 파트너들의 수준을 탓하며 이직을 후회하게 된다. 잘되는 기업과 못 되는 기업의 차이는 거기에서 난다.

잘되는 기업에는 누가 들어와도 빠른 시간 안에 일정 수준으로 올라서도록 양성하는 리더가 있다. 동시에 그 팀원들은 누가 와도 자기와 같은 수준, 또는 그 이상의 수준으로 일해 성과를 낼 수 있는 시스템을 만든다. 그런 인재양성 능력이 있는 사람에게 리더 자격이 주어지고, 그런 시스템을 구축할 줄 아는 구성원이 '최고'라 불릴 자격이 있다.

장소불문하고 똑같은 실력을 발휘하는 사람은 없다. 똑같은 사람인데도 일하는 곳에 따라 실력발휘가 다르다. 다양한 기업에서 세미나나 코칭을 하면서 만난 리더나 직장인들이 솔직히 공감하는 부분이다. 특히 이전 직장에서 일 잘하던 사람이 다른 회사에 가서 고전을 면치 못하는 경우가 많다. 많은 연봉을 주고 스카우트해왔는데 능력이 이것밖에 안 되느냐는 핀잔 속에 눈칫밥을 먹는 경우도 허다하다. 기업이나 조직마다 정신적 환경을 구축하는 구성원 개개인의 의식수준이 다르기 때문에 벌어지는 현상이다. 깨어 있는 조직에 의욕적인 사람이 들어가면 실적이 쑥쑥 향상된다. 동료들의 의식이 높기 때문에 평균적으로 다른 조직이 따라올 수 없는 격차를 낸다.

기업 성공의 관건은 '나 없이는 안 돌아갈 정도의 인재'로 조직을 채우는 것이 아니라 '누가 와도 최고의 실력을 발휘할 수 있도록 시스템을 가동시키는 것'이다. 그만둬도 티 나지 않는 직원 대신 없어서는 안 될 '린치핀'이 되겠다는 인재들을 뽑아야 하는 것은 당연하다. 하지만 그렇게 성장한 인재들도 다른 회사로 이직했을 때 이전처럼 실력발휘를 못하겠다며 다시 돌아올 정도의 기업풍토, 기업문화를 만드는 것이 급선무다. 한 사람의 절대적 능력에 좌우되지 않고, 의지만 강하면 누구나 최고 실력을 발휘할 수 있는 시스템을 구축하는 것을 조직의 목표로 삼아야 한다.

회사와 이별하는 이유는 다양하다. 성장에 목말라 떠나는 사람이 있는가 하면, 더 편하게 일하려고 떠나는 사람도 있다. 다시 말해 더 의욕적으로 일하려는 생각으로 떠나는 사람이 있는가 하면 더 쉽게 돈 벌려고 떠나는 사람이 있다.

여기서도 결론은 분명하다. 회사가 발전하기 위해서는 '편해지겠다고 오는 회사'가 아니라 의욕적인 사람이 '떠나면 그리워질 회사'를 만들어야 한다. 근무했던 사람들이 자신의 이력에서 가장 먼저 내세울 회사를 만드는 것이다. 경영자라면 누구든 직원들이 신나게 일하는 회사를 만들고 싶지, 적당히 현실에 안주하며 노는 회사를 만들고 싶지는 않을 것이다. 큰 그림을 그리는 CEO일수록 '사람이 들어오면 다른 회사보다 월등하게 성장할 수 있는 회사, 우수한 인재들이 몰려들고 회사와 개인이 성장하는 문화'를 구축하고 싶어 한다. 그래서 어쩌다 떠난 직원들이 나중에 그리워하는 회사 말이다. 떠나면 그립고 고마운 회사가 우리가 만들어가야 할 정답이다.

'이 회사에서 인정받은 사람이라면 더 볼 것도 없다'고 밖에서 신뢰하는 회사들이 간혹 있다. 그런 회사 직원은 누군가가 요즘 직장생활 어떠냐고 물었을 때 '그냥 일하고, 그냥 월급 받고 다닌다'는 식으로는 결코 말하지 않는다. 강한 기업은 리더에서 직원까지 그저 그런 회사는 결코 만들지 않겠다는 각오가 대단하다. '우리는 이렇게 일하고 있다'며 자부심을 느낄 정도로 제대로 일하는 회사를 만들고자 혁신을 기꺼이 감내한다.

그렇게 위에서부터 아래까지 노력한 끝에 비로소 '월급 깎아서라도 들어오고 싶은 회사'를 만드는 것이다. 성공의지가 큰 사람들이 들어오고 싶어 하는 회사, 누가 와도 최고가 되고 누가 해도 최고의 결과를 낼 수 있는 곳이라고 소문나는 회사가 된다. 일에 의욕적인 사람이 이직한 뒤에도 새삼 그리워하는 회사가 된다.

당신이 몸 담은 회사에는 안주하겠다는 사람이 아니라 자신의 능력을 테스트하고 성공하고 싶다는 열정적인 사람들이 지원하고 있는가? 열정적인 젊은 사람들에게 가장 인기 있는 회사, 혈기 넘치는 의욕적인 젊은 인재들이 동경하는 회사인가?

아직 그렇지 않다면, 당신과 구성원들이 힘들고 고달픈 표정으로 일하고 있지는 않은지 돌아보자. 반드시 발전하겠다는 결심으로, 회사가 가고자 하는 방향에 맞게 당당하게 꿈을 이야기할 수 있어야 한다. 일에 몰두하는 뒷모습이 즐거워 보일 때, 경쟁사에서 부러워하고 젊은 인재들도 따라 하고 싶어 문을 두드릴 것이다.

PART **4**

끝까지 답을 내는
조직,
끝까지 답을 내는
사람이 돼라

일의 기본은 숙제, 골칫거리, 문제점을 찾아 해결해주는 것이다. 조금 다른 각도에서 생각
했을 때 문제를 찾거나 답을 생각하지 않은 채 그저 시키는 일만 하고, 하던 대로만 하는
일은 진짜 일이 아니다.

우리는 문제가 보이는 곳에 자신을 두고 답을 찾아 움직여야 한다.

학습을 해야 답이 보이기 시작하며,
소통을 해야 답이 현실로 나오고,
협업을 해야 좋은 결실로 답이 완성된다.

"우리는 우리가 원하는 답이 나올 때까지 도전하고 실패하기를(trial and error) 반복했다."
−다시로 토모코, 후지필름 기능성화장품 개발전담팀 리더

끝까지
답을 내는
5단계

개인과 기업이 같이 살기 위해서는 새로운 답을 계속 찾아내야 한다. 그 답을 만들기 위해 학습도 하고 혁신도 한다. 때로는 실패도 감수한다. 아무리 잘나가던 회사도 새로운 답을 만들어내지 못하면 생존할 수 없기 때문이다.

일을 할 때 남다른 열정과 긍정성을 유지하면서 끝장정신으로 임해야 하지만 그게 전부는 아니다. 결국은 답을 내야 한다. 우리는 지금 그 답을 내는 기업풍토, 기업문화를 만들어가기 위해 고민하고 있다.

지금까지 유능한 인재들이 절대적인 실력을 발휘하기 위해 공유해야 할 것들을 살펴보았다.

포기하기보다 방법을 찾아(1장), 치열하게 창의 궁리하고(2장), 애정을 바탕으로 혁신하고 움직이는 기업풍토를 추구하는(3장) 이유는 결국 '새로운 답'을 내기 위해서다. 답을 내야 결과를 얻을 수 있기 때문이다. 그 답은 누구나 쉽게 파악할 수 있는 답 뒤에 숨어 있는 진짜 답을 말한다. 내가 찾는 답이 아니라 고객이 찾는 답, 미래를 여는 답, 기업과 개인이 같이 사는 답이 그것이다. 이제 답을 찾는 방법을 알아볼 차례다.

앞으로 기업과 조직에서는 문제를 찾아 끝까지 해결하는 사람, 즉 답을 만들어낼 줄 아는 사람들에게 지금보다 더 후한 평가를 줄 것이다. 다양한 형태로 제안제도를 후원하고, 조직이 발전할 수 있는 정보를 발신한 사람들에게 가점하는 제도들을 운영할 것이다. 일에 의욕적인 사람에게 더 큰 성공을 장려하고, 실패에는 재기의 기회를 줌으로써, 결국 조직 전체의 발전을 지향하는 것이다.

그렇게 하면 조직에는 '유레카(Eurka)'를 외치는 소리가 늘어날 것이다. 같이 일하는 동료들과 '우리가 해냈다. 알아냈다!'고 외칠 수 있는 조직이라면 반드시 발전한다. 답을 낼 줄 아는 조직에는 희망이 있고 활력이 넘친다. 서로의 생각을 공유해 대안을 찾아낼 때 조직의 성과는 도약하고, 개개인의 역량도 발전할 수 있다.

이런 조직을 만들기 위해, 문제가 보이는 곳에 자신을 두고 답을 찾아 움직여야 한다.

학습을 해야 답이 보이기 시작하며,

소통을 해야 답이 현실로 나오고,

협업을 해야 좋은 결실로 답이 완성된다.

여기에서는 짧게나마 끝까지 답을 찾는 과정을 다음과 같이 5단계로 정리해 소개하겠다. 이는 개인과 회사가 같이 발전하는 답을 찾는 작업이다. 또한 이것은 일에 대한 바람직한 자세를 갖추고, 일하는 동료들과 좋은 성과를 내는 기본기이기도 하다.

- 1단계 : 일을 제대로 이해하기
- 2단계 : 문제가 보이도록 자신을 두기
- 3단계 : 답을 생각하는 시간 갖기
- 4단계 : 답을 찾아 시행착오 건너기
- 5단계 : 논쟁으로 답을 완성하기

1단계 : 일을 제대로 이해한다

답을 찾기 위해서는 먼저 '일이란 무엇인가? 어떤 것이 진짜 일인가?'에 대해 자문자답할 필요가 있다. 아무리 일상적인 것이라도 내가 하고 있는 일이 진짜 일이 아닐 수 있다는 의구심을 품어보자.

우리가 일을 통해 성장할 때는 현재에 만족하지 않고, 계속 '이대로 족한가'를 자문하고 답을 찾아 나설 때다. 즉 지금과 다른 답을 찾을 때 우리는 기회를 얻고 성장할 수 있다.

처음에는 좋았던 일도 같은 방식으로 계속하다 보면 점점 매력이 떨어지게 마련이다. 회사에서도 똑같은 일을 같은 방식으로만 해서는 자신에게도 팀에게도 발전이 없다. 장사로 치면 수익성은 떨어지고 나중에는 일해도 몸만 더 피곤하다. 장기적으로 생존하기 위해서는 달라져야 한다.

그렇다면 무엇이 달라져야 하는가? 그것을 찾는 것부터 시작하자. 일은 문제를 발견하는 것에서 출발한다. 일이란 결국 더 나아지기 위해 문제를 찾고, 그것을 해결하는 것이다. 고객이 '이걸 어떻게 풀지?' 하며 골치 아파하는 것을 찾아 해결해준다면 그 고객은 당연히 우리를 찾지 않겠는가? 사회적 요구나 고객이 원하는 것을 찾아 해결해줄 수 있다면, 이는 곧 좋은 상품이나 서비스로 이어진다. 이게 바로 고객창출이다.

우리 주변에는 항상 문제가 발생한다. 그리고 우리는 늘 문제를 해결해줄 상품을 찾는다. 고민했던 문제가 풀리거나 삶의 질이 높아질 수 있는 제품이나 서비스가 나오면 그것에 돈을 지불한다. 빠르고, 편리하고, 즐겁고, 효율적이고, 기능적이고… 이런 식으로 문제나 숙제를 풀어 새로운 가치를 만들어냈다면 시장에서도 제값을 받을 수 있다.

불황에도 팔리는 상품은 항상 팔린다. 당신이 만든 제품이 팔리지 않아 고민인가? 그것은 '안 팔리는 이유'가 무엇인지 아직 찾지 못했기 때문이다. 안 팔리는 이유를 찾아 팔릴 수 있도록 해결하면 당신의 제품도 얼마든지 꼭 사고 싶은(must have) 상품이 될 수 있다. 답만 제대로 찾으면 아무리 불황이라도 팔리는 상품이 나온다.

현장에서도 마찬가지다. 문제가 터지기 전에 문제를 발견하고 해결하거나, 고객의 불만이나 요구사항이 나왔을 때 신속하고도 정확하게 해결해줄 수 있다면 그게 곧 일을 제대로 하는 것이다. 그리고 조직으로 돌아와 그런 문제가 생기지 않도록 개선된 제품을 개발해 내놓으면 더 비싸더라도 고객은 기꺼이 지갑을 연다. 신기술, 신제품, 신서비스, 신시장, 궁극적으로 고객창출로 이어지는 것이다. 일을 제대로 이해하고 있는 조직만이 이런 선순환을 그려낼 수 있다.

일의 기본은 이런 식으로 숙제, 골칫거리, 문제점을 찾아 해결해주는 것이다. 조금 다른 각도에서 생각했을 때 문제를 찾거나 답을 생각하지 않은 채 그저 시키는 일만 하고, 하던 대로만 하는 일은 진짜 일이 아니다.

2단계 : 문제가 보이는 곳에 자신을 둔다

일을 하려면 문제를 찾아내는 능력이 필요하다고 했다. 그러기 위해서는 일이 잘 보여야 한다. 즉 문제가 눈에 잘 들어올 수 있도록 해야 한다. 문제가 보이는 곳에 자기 자신을 두어야 한다.

이게 무슨 말인가?

사람은 필요에 의해 움직인다. 뇌과학자들은 우리의 뇌가 무한의 능력을 갖고 있음에도 꾀를 부린다고 말한다. 뇌도 필요할 때만 고도의 능력을 발휘한다는 의미다. 평소에는 하던 대로 하려고만 한다.

사람이 절박해야 안 쓰던 머리를 쓰고 새로운 방법을 고민하는 것도 다 그런 이치다. 일이 잘 보이게 하라는 말의 힌트가 여기에 있다. 대개의 경우 내키지 않는 일을 하면 그다지 고민하지도, 제대로 생각하지도 않는다(엄밀히 따지면 그렇게 일하는 것은 일하는 것이 아니다). 그런 식으로 일할 때는 어디에 문제가 있는지 잘 보이지 않고 생각하지도 않게 된다.

그런데 나와 똑같은 일을 하는 동료는 문제점을 발견한다. 문제가 있다고 사람들에게 말하고 해결방안도 자신의 머릿속에서 꺼내온다. 누구나 이런 동료 때문에 부끄럽고 무안했던 경험이 있을 것이다. 같은 일을 하면서도 사람에 따라 이처럼 인식이 다르다. 또 일에 대한 인식에 따라 어떤 사람 눈에는 문제가 진짜 문제로 보이고, 어떤 사람 눈에는 문제로 들어오지도 않는다.

왜 그렇게 다를까?

쉽게 풀어 말하면 '궁핍함의 차이'다. 여기서 말하는 궁핍함은 1차원적인 배고픔을 말하는 것이 아니다. 계속 문제를 찾아내고 기대치 이상으로 문제를 해결하고픈 궁핍함에 가깝다. 궁핍하지 않으면 문제가 보이지 않는다. 설령 문제가 보이더라도 고민하지 않고 답을 찾지 않는다.

왜? 귀찮으니까.

문제를 개선하고 일을 일답게 하려는 욕구가 있다면 인위적으로라도 자신을 늘 궁핍한 상태로 두어야 한다. 그래야 문제를 찾고 지혜를 내기 때문이다.

위대한 성공을 이룬 개인이나 조직은 항상 만족을 모르고 궁핍해한다. 동료들이나 사회를 위해, 또는 국가발전을 위해 자신을 인위적으로 궁핍한 상태로 둔다. 현재에 만족하지 않고 새로운 목표를 세우고 새로운 문제에 도전한다. 보통 사람들은 엄두도 못 낼 대의를 품는다.

'탁구여왕' 현정화 감독은 현역 시절 올림픽 금메달을 딴 그 순간에도 '다음 경기는 뭐지?' 하는 생각을 먼저 했다고 한다. 보통 사람이라면 '이제 끝났다'며 마음이 풀어졌을 때조차 긴장의 끈을 놓지 않은 것이다. 그런 마음가짐이 있었으니 단체전, 여자복식, 혼합복식, 그리고 개인단식까지 제패하며 그랜드슬램을 달성할 수 있었을 것이다.

이처럼 성취를 거두는 삶을 사는 가장 확실한 방법은 일상생활이나 일과에서 새롭게 도전할 새로운 목표를 세우는 것이다. 새로운 목표가 서면 자연스럽게 새로 해야 할 일들이 생긴다. 새로운 목표에 대한 목적이 분명하면 자극제가 되고, 기폭제가 된다. 그 목표를 달성하기 위해 노력하면서 새로운 문제가 보이기 시작하고, 새로운 해법을 찾기 위해 움직이게 된다.

목표는 남이 만들어주는 게 아니다. 회사나 팀의 목표에 따라가겠다는 의존적 사고방식을 버리고, 개인적으로도 스스로 도전할 목표를 세우고 왜 그것이 중요한지에 대해 자신에게 설득력 있게 설명해야 한다. 자신을 인위적으로 궁핍하게 만드는 작업이다. 절박한 곳에 자신을 놓을 줄 알아야 성장할 수 있다. 그래야 목표달성에 걸림돌이 되는 장애물이나 풀어야 할 문제들이 보이고 자발적으로 답을 찾아내기 위해 움직이기 시작한다.

조직에서도 큰 목표가 있고 임원이 되어 경영능력을 발휘해보겠다는 의욕적인 인재들은 항상 궁핍해한다. 자기 혼자 먹고살면 된다고 생각하면 그렇게 궁핍해할 필요도 없다. 위대한 리더십에서 볼 수 있듯이 이타정신을 발휘하고 대의를 품기 때문에 자신을 인위적으로 궁핍하게 하는 것이다. '이대로 족한가', '이것이 최선인가', '더 나은 방법은 없는가'라고 계속 질문하게 된다.

구성원 전체의 의지가 들어간 비전이나 목표를 갖는 것이 중요한 이유도 여기에 있다. 비전을 공유하면 다 같이 이기심을 버리고 목표를 어떻게 달성할 수 있을지 고민한다. 지금까지 해오던 방식으로는 한계가 있다는 것을 알고 새롭게 해야 할 일들을 찾는다. 거기에 도달하기 위해 풀어내야 할 문제를 자발적으로 찾고, 그 문제를 해결하기 위해 적극 나선다.

회사에서도 새로운 경영목표가 세워지면 풀어야 할 과제가 생긴다. 그 목표치를 달성하기 위해 비용, 납기, 품질, 업무처리 방식, 신기술 개발, 업무협조, 시스템 등에서 풀어야 할 과제, 문제들이 보인다.

3단계 : 답을 생각하려면 집중력과 시간이 필요하다

우리가 중대하다고 느끼는 문제의 답은 오랫동안 깊이 생각해야 해법이 보인다. 답이 나올 때까지 생각하는 열정적인 집중력이 필요하다.

지식정보를 많이 가지고 있어도 해결책이나 도구로 만들어 결과를 내지 않으면 수북이 쌓인 쓰레기일 뿐이다. 좋은 스펙도 답을 풀어낼 도구에 불과하지 저절로 답이 나오는 것은 결코 아니다. 비즈니스 현장에 가보면 '스펙 좋은 사람이 좋은 답을 가져온다는 보장은 없다'는 말에 다들 동의한다. 슈퍼컴퓨터가 있어도 제대로 쓰지 못하면 고철에 불과한 것과 같다.

답이 나올 때까지 스스로 생각하는 힘을 길러야 한다. 나날이 정보가 많이 생기고 관계가 복잡하게 연결돼 있는 오늘날에는 생각하는 힘이 더 필요하다. 답을 내는 것은 거대한 퍼즐을 맞추는 게임과도 같고, 세우다 보면 여기저기서 쓰러지고 또 세우면 다시 쓰러지는 도미노 작업과도 같다. 나중에 완성된 퍼즐, 파도처럼 춤추며 쓰러지는 도미노의 환상적인 연출을 상상하며 포기하지 않고 답을 찾아야 한다.

답을 찾으려면 한 가지 사안에 대해 집중적으로 생각하고 고민할 시간이 필요하다. 하지만 그게 쉽지 않은 것도 사실이다. 평사원들은 툭하면 허드렛일이나 잔심부름 같은 일에 시달리고, 상사들은 결재다 회의다 해서 자기 자리에 1시간 진득이 앉아 있기도 힘들다. 여건이 좋은 사람들은 사무실을 떠나 한적한 곳에서 혼자 깊이 생각할 시간을 갖기도 하지만, 그러기 어려운 사람들도 많다. 사정이 이렇다면 회사 차원이나 팀 차원에서 숙고할 수 있는 시간을 확보하도록 제도를 만들거나, 업무 스타일을 조정해 개인의 시간을 확보하려는 노력을 해야 한다.

또한, 고민을 깊게 하는 생각의 힘을 키워야 한다. 사고훈련이 충분치 않은 사람들은 안건을 주고 대안을 만들라고 하면 관련 자료를 찾는다, 인터넷을 뒤진다 하며 부산스럽게 움직이기만 할 뿐 정작 생각은 하지 않는다. 가설을 세우고 예상되는 문제점을 떠올려보고 해결책을 모색하는 등의 집요함이 없는 경우가 많다. 본질적으로 깊게 생각을 파고들어가는 게 아니라 처음 떠오르는 생각 주변만 맴돌며 그 생각을 '치장'하는 데 시간을 다 보낸다. 이렇게 해서는 아무리 많은 시간 동안 노력했다 해도 '그 많은 시간 동안 뭐 했냐'는 핀잔을 면하기 어렵다.

좋은 답을 내놓기 위해서는 생각을 깊이 하기 위한 노력을 물심양면으로 해야 한다. 그렇지 않고 '고민할 시간이 있어야 하지!'라며 툴툴거리는 이들이 있는데, 그것만큼 대책 없는 경우도 없다. 제도를 바꾸든 효율적인 방법을 모색하든 스스로 방안을 마련하지 않으면 어떤 일이 되겠는가? 어떻게든 집중력을 발휘해 답이 나올 때까지 생각하는 습관을 들여야 한다. 그런 습관을 가진 사람이 결국 답을 가지고 온다.

깊이 생각하고 꿰뚫어보다 보면 본질이 보이기 시작하고 '왜?', '어떻게?'라는 질문을 던지게 된다. 계속해서 자문하다 보면 보는 눈이 달라지고 귀가 열리고 마음이 열린다. 지하철을 타면서도 산책을 하면서도 생각을 달고 다닌다. 남들이 보지 못한 것, 듣지 못한 것, 느끼지 못한 것까지 감지할 수 있다. 답을 찾기 위해 안테나를 더 많이 세웠고, 절박한 생각으로 수신 감도가 좋아졌기 때문이다.

문제나 일에 대해 시간을 들여 깊이 천착하면서 사물의 본질을 보는 힘을 스스로 키워야 한다. 계획한 일정들과 수시로 일어나는 일들을 처리하기 바쁜 일터에서 이리저리 사람들과 부대껴야 하는 일들은 매일 생긴다. 이른바 '몸으로 일하는 시간'이다. 거기에 '생각으로 일하는 시간'이 필요하다. 평소 생각했던 일이나 해결해야 할 문제 등에서 한 가지 주제를 정해 집중적으로 생각하는 시간을 스스로 만들어내야 한다. 그렇게 하지 않으면 새로운 해법은 없고 매번 하던 대로만 해야 한다. 발전이 없는 것이다. 일에 애정을 가진 사람들은 발전을 위해 필요하다면 기꺼이 개인적인 시간까지 투자한다. 자신을 한 단계 업그레이드시키는 과정이기 때문이다.

4단계 : 시행착오를 징검다리 삼아 답을 찾는다

제대로 답을 내기 위해서는 시행착오나 실패를 두려워하지 않는 정신이 필요하다.

새로운 답을 만들어내는 것은 쉽지 않다. 처음부터 복잡한 문제를 잘 풀어낸 사람은 세상에 없다. 많은 시행착오를 경험하면서 얻은 노하우가 답의 수준을 높여준 것이다.

3M의 성공도 '수많은 실패가 있더라도 포기하지 않으면 거기서 혁신 제품은 얼마든지 나온다'는 믿음을 공유했기 때문에 가능했다. 개발 과정에서 생겨난 사례를 공유하면서 직원들은 '실패를 두려워하지 않고 도전해 기필코 유종의 미를 거둔다'는 기업풍토에 적응한다.

사람은 시행착오를 겪으면서 스스로 학습을 한다. 원하는 답, 즉 아웃풋(output)이 제대로 안 된다는 생각에 인풋(input)의 필요성을 절감하고 스스로 찾아 나선다. 스스로 학습하면서 스스로 답을 찾는 작업을 지속한다.

요즘은 첨단기기의 발달로 실제로 현실에서 실험하지 않고 시뮬레이션할 수 있는 방법이 많다. 현실에서 실패 가능성을 줄이는 방법들이다. 그러나 실패 가능성을 줄이는 것과 시도 자체를 하지 않는 것은 전혀 다른 차원의 문제다. 시뮬레이션 프로그램에 의지하는 것과는 별개로, 일을 맡았으면 담당자로서 책임감을 갖고 새로운 시도를 게을리하지 말아야 한다. 시도하고 실패하고 수정하기를 반복할 각오가 된 사람이 결국 답을 만들어낸다. 끊임없는 시행착오 뒤에 우리가 생각지 못한 진짜 답이 기다리고 있기 때문이다.

시행착오를 실패가 아닌 성공의 과정으로 이끌기 위해서는 일이 끝나고도 답을 내기 위해 치열하게 오류를 분석하는 근성이 필요하다. 실패로 확정되기 전에 미리 시간을 내서 따져보는 습관이 돼 있으면 더 좋다. 한시가 급한 일을 하면서 내 마음대로 하게 놔두는 너그러운 조직이 어디 있겠는가. 나만의 답을 찾기 위해서는 내 개인 시간도 기꺼이 투자하겠다는 자세가 중요하다.

시행착오를 감내해야 하는 이유는 당신의 답이 틀렸기 때문만은 아니다. 평소 '생각했던 답'이 이론적으로 맞다 하더라도 현실에 적용했을 때 어떤 돌발변수가 나올지 모른다. 미세한 오차가 실패를 부를 수도 있다. 따라서 아무리 준비를 잘해도 현실에서는 항상 시행착오를 각오해야 한다.

시도하고 실패하고, 수정하고 실패하고, 시도하고 실패하고… 문제는 그 실패를 가치 있게 받아들일 수 있느냐다. 배움의 기회로 받아들일 수 있어야 한다. 에디슨도 수많은 실험과 시행착오를 경험하면서 '이렇게 하면 실패한다는 사실을 알게 되었다'고 말했다. 다른 측면에서 보면 시행착오를 한 만큼 실패 확률이 줄어들어 성공으로 더 가까이 갈 수 있으니 기쁜 일이라고 의미부여할 수 있다는 말이다.

정보를 모으고 분석하고 시험하고 수정해서 방법을 만들어낼 생각을 하지 않고, 단순히 감이나 순간적 번뜩임만으로 일이 추진되기를 바라는 것은 도박심리다. 그렇게 해서 일이 잘 풀렸던 경우가 얼마나 되는가. 직감이나 번뜩이는 아이디어만으로 일이 잘 풀리면 멋있겠지만, 현실에서는 많은 시행착오를 통과한 답이 빛을 낸다.

어떤 일이든 단순한 생각만 가지고, 경험치만 가지고 성공할 수는 없다. 정보가 늘어나고 첨단기술이 발달할수록 더 그렇다. 시행착오를 각오하지 않고 처음부터 모든 것을 쏟아부으며 무모한 행동을 하다가는 자칫 자신이 먼저 나가떨어질 수 있다. 그러므로 우리는 시행착오를 두려워하지 않는 'trial and error'를 반복해 하나씩 답을 찾아 나가야 한다.

5단계 : 논쟁으로 답을 완성한다

조직에서 답을 만들어내기 위해서는 제대로 논쟁할 수 있는 능력을 길러야 한다. 논쟁하기를 꺼리거나 논쟁에서 밀리면 끝까지 답을 찾지 못하고 적당히 포기하게 된다.

주변을 보면 똑똑하고 성실한데 논쟁에 약한 사람이 있다. 흔히 회사에서 '손해 보는' '착한' 사람 유형이다. 이들은 기껏 좋은 생각을 해놓고도 '동료들끼리 목소리 높이느니 내가 조금 양보하겠다'며 논쟁에서 물러선다. 언뜻 보면 조직의 평화를 지키는 충직한 사람 같지만, 천만의 말씀. 문제해결의 차원에서 보면 본인은 물론 조직의 발전 가능성을 떨어뜨리는 '문제적 직원'이다. 논쟁을 통해 최고의 대안을 찾을 기회를 아예 차단해버리기 때문이다.

　내가 분명히 맞다고 생각한 답도 밖으로 꺼내놓으면 반대하는 사람이 나오게 마련이다. 틀렸다고 몰아붙이는 사람도 있다. 관점과 생각이 다르기 때문에 갈등이 생기기도 한다. 조직 내 권력구도에 따라 역풍을 맞기도 한다.

　보통 수준의 설익은 답은 그렇다. 그렇다고 여기서 낙담하거나 상처 받아 좌절하면 그다음부터는 '좋은 게 좋은' 두루뭉술한 선택만 하는 무사안일주의에 빠질 수 있다. 애초에 품었던 혁신적인 발상은 없었던 것이 되고, 원래로 돌아가 그냥 하던 대로 하거나 시키는 것만 하겠다고 선언한다. 누군가가 참신한 답을 요구하면 계속 바쁘다고 핑계를 대면 된다. 그렇게 하면 더 이상 갈등을 빚거나 역풍을 맞을 일도 없다. 그러나 도전에서 얻을 수 있는 성취감이나 개인의 성장으로 얻을 수 있는 물질적, 정신적 보상 또한 없어진다.

　우리에게는 논쟁에서 생겨나는 상처와 좌절에서 일어나는 복원력이 필요하다. 또한 진짜 답을 만들어내기 위해서는 논쟁을 즐기는 수준으로 자신을 단련해야 한다. 누군가가 말도 안 되는 어깃장을 놓으면 끝까지 설전을 벌일 각오를 하고, 타당한 지적을 하면 '그 점은 미처 생각 못했다, 고맙다'며 한발 물러서는 대범함이 있어야 한다. 그래야 내가 생각한 답이 사람들의 의견과 조언 속에 숙성되면서 더 나은 서비스나 제품으로 이어진다.

앞서 예를 든 SK의 수펙스(SUPEX)처럼 '인간의 능력으로 도달할 수 있는 최고의 수준'과 같은 목표의식을 가지고 있다면 동료들과의 논쟁을 긍정적으로 받아들이게 된다. 왜냐하면 동료들의 지식, 정보와 아이디어, 경험치를 활용할 수 있기 때문이다. 문제와 정보들을 공유하면서 소통하고 논쟁하다 보면 아이디어나 해법 등이 보태지고, 그렇게 되면 제품 및 서비스의 혁신 속도는 빨라지고 수준도 훨씬 높아진다.

그렇다면 논쟁을 거쳐 제대로 답을 얻어내는 방법은 무엇이 있을까? 수학을 풀어내는 방식이나 기본적인 매뉴얼처럼 활용할 수 있는 것부터 생각해보자. 학창시절에 배운 '헤겔의 변증법'을 현실 감각에 맞게 응용하는 것이다.

'변증법' 하면 '정-반-합'의 공식(?)이 떠오를 것이다. 먼저 '내가 답이라고 생각해서 내놓은 안'을 테제(these, 正)로 생각한다. 그 테제를 가지고 동료와 상사에게 '이렇게 합시다'고 주장할 것이다. 그 내용을 듣던 상사, 부하, 동료들이 '그러면 이런 문제가 생기는데, 대안이 있는가', '위험하다. 예산이 없다. 사람이 없다'는 식으로 반론(antithese, 反)을 제기한다. 그것을 예상하고 그에 대한 보충안을 준비했다면 그 논쟁에서 살아남을 수 있다. 그러나 '거기까지는 생각 못했다', '준비 부족이다'고 인정하며 반론과 역풍에 무너졌다면 통과하지 못한다.

그렇다고 그것이 끝이라고 생각하면 안 된다. 반론에서 나온 모든 문제점을 해결하고, 그것을 뛰어넘는 이상적인 해법인 진테제(synthese, 合)를 준비해야 한다. 논쟁을 이런 식으로 활용하고 동료들의 아이디어나 지혜를 빌려가면서 답을 찾아가는 과정으로 생각하자. 그렇지 않으면 작은 지적에도 욱하고 반발하거나 의기소침해져 자칫 일에 대한 의욕상실로까지 이어질 수 있다.

논쟁은 싸움이 아니다. 오직 좋은 결과를 내고 협업을 이끌어내는 것이 목적이다. 논쟁을 하다 보면 부서 간, 팀 간에 이해관계가 엇갈릴 수도 있지만, 서로 협력해 결과를 만들어내지 못하면 성공할 수 없다. 자신이 만들고 있는 답에 살을 붙이고 다듬고 아이디어를 더해 완성도 높은 작품을 만드는 것이 논쟁이다.

논쟁이 생산적으로 끝나지 않는 경우는 대개 한 사람이 너무 앞서갔을 때다. 혼자 열심히 분석하고 준비해서 '이게 답이다', '이 방법이 최선이다'는 확신을 갖게 되면 상대방을 찍어 눌러서라도 자기 뜻을 관철시키려 하기 쉬운데, 그러다가는 논쟁이 싸움이 되고, 동료들은 우군이 아니라 적으로 돌변한다. 100% 성공한다는 확신이 있는 일도 혼자만 너무 앞서가면 사람들이 질투한다. 협조를 끌어내는 것이 아니라 거꾸로 반목과 시기만 부르는 셈이다. 결국 나중에는 혼자 지쳐 스스로 포기한다.

동료를 이해하는 노력을 하지 않고는 협력을 구하는 것도 어렵다. '우리가 얼마나 바쁜지 알지도 못하면서 도와달라네?', '우리를 제대로 알지도 못하는 사람 이야기에 귀 기울일 시간도 없고, 도와주기도 싫다'는 인간의 본질적 거부감이 장벽을 만들기 때문이다.

좋은 논쟁을 위해서는 우선 동료들과 주위를 이해하는 노력이 필요하다. 동료의 입장, 그들의 일이 어떻게 돌아가고 있는지 알려고 노력하면 상대방의 태도도 달라진다. 그들의 입장을 이해하고 포용하는 모습을 보여주고, 때로는 그들의 고민도 들어주면서 시간을 투자하고 정성을 들이면 그들의 마음이 움직이기 시작한다. 당신이 개인의 욕심이 아니라 회사를 위해 치열하게 미래를 걱정하고 있다는 것을 동료들이 피부로 느끼게 해야 한다. 머리로만 논쟁할 것이 아니라 그들의 마음을 울리는 노력이 필요하다. 그렇게 되면 적군처럼 움직이던 반대파들도 모두 우군으로 돌려세울 수 있다.

문제해결이란 어느 개인의 주관적인 의견을 발전시켜 누구나 객관적으로 납득할 수 있는 결과물로 만들어내는 과정이다. 따라서 문제해결 과정도 주관적인 답에서 상대적인 답을 지나 객관적이고 종합적인 답을 만들어내겠다는 자세로 임해야 한다.

이렇게 본다면 논쟁에서 살아남는 답이 무엇인지는 자명해질 것이다. 직급 높은 사람, 목소리 큰 사람, 화려한 언설로 상대방의 기를 죽이는 사람의 답이 진짜 답이겠는가? 아니다. 찬성과 반대 모두를 아우르는 '대안'으로 진화된 답이 제대로 된 답이다. 이 점을 인식하고 논쟁을 받아들여야 답을 낼 수 있다. 부족한 부분을 채우고 조직 내의 자원을 최대한 활용해 답을 만들고, 팀으로 뭉쳐 성과를 극대화하자. 이것이 우리가 논쟁의 힘을 길렀을 때 얻을 수 있는 답이다.

답을 찾는 것은
결국
의식의 문제다

"상사는 내년 사업계획서 좀 제대로 써보라고 닦달인데, 생각나는 건 없고… 아, 어디 돈 되는 사업 좀 없나?"

퇴근 후 술집에서 동료, 친구들과 한잔 하다 보면 흔히 나오는 푸념이다. 좀 된다 싶은 아이템에는 어느새 사람들이 몰려들어 포화상태이고, 경쟁자가 별로 없는 신시장을 개척하면 좋겠건만, 말처럼 쉬운 일이 아니다.

그런데도 놀라운 것은, 이 와중에도 돈을 버는 기업이 있고 사람들이 있다는 것이다. 그들은 남들이 '아니다'라고 하는 분야에서도 돈을 번다. 탐스는 사양산업이라고 하는 신발을 팔아서 돈을 벌고, 유니클로는 자기 공장 없이도 중저가 의류분야에서 신시장을 개척

했지 않았는가. 이처럼 남들은 사양산업이라고 하지만 첨단산업으로 만들어내는 기업들이 있다. 어떤 기업도 제대로 변신만 한다면 살아남을 수 있다. 기업에 생명을 불어넣는 제품을 끊임없이 만들어낼 수 있다면 매 순간 첨단기업이 될 수 있다. 사양산업이 회사를 망하게 하는 것이 아니라, 직원들과 회사의 사고방식이 사양산업을 만드는 것이다.

같은 논리로, 따지고 보면 돈 못 버는 사업이나 분야가 있는 것이 아니라, 돈 못 버는 사람이 있을 뿐이다. 돈을 버는 것은 업종이나 아이템이 아니라 그 사람의 사고방식이기 때문이다.

같은 일을 해도 누구는 돈을 버는 반면, 어떤 사람은 물려받은 재산을 다 말아먹고 빚까지 지는 사람이 있다. 얼마 안 되는 재산을 종잣돈 삼아 최고의 대기업으로 키운 사람도 있다. 캄캄하고 어두운 혼돈의 카오스 상태에서도 그 이면에 감추어진 본질을 보면 위기를 극복하고 기회를 잡을 수 있는 질서가 숨겨져 있다. 우리 속담에 '범에게 물려가도 정신만 차리면 산다'고 하지 않는가.

답을 찾는 것은 결국 의식의 문제다. 생각에 달려 있고, 하기 나름인 것이다.

골목 경제까지 글로벌 경쟁, 스피드 경쟁이 치열한 오늘날에는 끝장정신으로 무장한 '담쟁이 인재'가 그 어느 때보다 절실하다. 품질이나 비용, 납기, 고객 클레임까지, 매 단계에 숨어 있는 무수한 문제를 해결하기 위해서는 수시로 현장에서 부대껴야 하고, 수도 없이 실험하고 수정해야 하고, 동료와 상사에게 협조를 구해야 한다. 때로는 인신공격까지 이겨내야 한다. 필요하다면 실패도 사서 해봐야 한다.

무엇보다도 미래에 대한 답을 내놓는 기업이 되기 위해서는 끝장정신으로 무장해 고객이 원하는 답을 끝내 만들어낼 줄 아는 인재들이 필요하다. 경영자의 몫만도 아니고 한두 사람의 책임도 아니다. 팀과 조직에 속해 있는 우리 모두의 몫이다. 구성원 한 사람 한 사람의 의식이 새로운 기회에 열려 있어야 가능한 일이다. 기회는 기다리는 게 아니라 잡아채는 것이다. 호시탐탐 눈에 불을 켜고 지나가는 작은 기회라도 놓치지 않고 잡아 이용해야 한다.

사람들은 누구나 멋진 일을 하고 싶어 한다. 작고 시시한 일은 가급적 피하려고 한다. 하지만 작은 일을 멋지고 소중하게 하지 않으면 어떤 일도 멋지게 해낼 가능성이 없다. 아무리 작은 일이라도 기회는 분명히 있다.

직원 입장에서는 우아한 일이나 큰일을 시켜주면 좋겠다고 할지 몰라도 리더의 생각은 다르다. 능력에 대한 신뢰가 부족하니 작은 일부터 시켜보게 마련이다. 그러니 언뜻 보기에 중요하지 않고 성에 차지 않은 일이라도 주어지면 전력을 다해서 최고로 완성시키겠다는 마음가짐이 필요하다. 작은 일 하나라도 제대로 정복하면 점차 실력이 붙게 돼 있다. 그러면서 믿음이 생기고, 점차 큰일로 옮겨갈 수 있다.

물론 큰일로 옮겨가기 위해서는 리더의 지원도 필요하다. '직원들이 어떻게 하면 신나게 일할 수 있을까'를 고민해 작은 일에서부터 서서히 큰일로 구성원의 역할을 키워줘야 한다.

가령 상사가 슈퍼마켓에 가서 음료수 사오라는 심부름을 시켰을 때 그것을 못할 직원은 없을 것이다. 아니, 지극히 단순한 일이다. 뭐든지 시켜만 주면 열심히 하겠다고 하는 열정적인 직원에게 음료수 심부름을 시키면 재깍 "예, 알겠습니다" 하고 얼른 사올 것이다. 그런데 이 심부름을 한두 번이 아니라 매일 시키면 어떤가. 매일 하는 일이 '가게 가서 음료수 사오는 일'이 된 것이다.

처음에는 쉬운 일이라고 좋아할 수 있다. 한두 번은 신이 나서 간다. 하지만 배울 만큼 배우고 자존심도 있을 만큼 있는 사람이라면 어떤 생각을 할까. 매번 똑같은 일을 하다 보면 열심히 하겠다던 뜨거운 열정은 단순업무에 지쳐 서서히 식는다. 나중에는 "내가 이런 일이나 하러 여기 온 건가"라며 투덜대기 시작할 것이다. 무력감과 권태감, 자괴감에 빠질 것이다. 똑똑해지고 싶고, 더 성장하고 싶고, 일을 통해 성공하고 싶은 사람은 더 일찍부터 싫증을 낼 것이다. 일을 배우거나 성장할 수 있는 기회가 없는 곳에 남고 싶어 하는 사람은 없다. 작은 일에서 기회를 주고 싶다면, 구성원의 발전이 정체되지 않도록 지속적인 자극을 주어야 한다.

한편으로 기회를 잡는다는 것은, 끊임없이 실행하고 실력을 연마해서 능력을 키운다는 뜻이다. 어제와 똑같은 생각과 똑같은 눈으로는 외부의 기회가 새롭게 보일 리 만무하다. 사람들도 발전이 없이 어제와 똑같은 사람에게는 그 이상의 기회를 주지 않는 법이다. '기회의 물살을 타야 한다'고 하지만, 그냥 올라타려고만 하다가는 물살에 떠밀려 죽는다. 제대로 올라탈 수 있는 실력을 갖춰야 한다. 똑같은 기회가 와도 잡는 사람과 보고 놓치는 사람의 차이가 여기서 나온다.

새로운 기회를 얻기 위해서는 변화가 불가피하다. 내가 변하면 기회는 외부에서 얼마든지 찾아낼 수 있다. 우리가 변화하지 못하기 때문에 기회를 보지 못할 뿐이다. GE의 전 CEO 잭 웰치는 "사람들은 변화를 좋아하지 않는다. 그러나 변화는 비즈니스의 생명을 유지하는 중심이다"고 했다.

변화의 본질은 학습이다. 학습을 통해 새롭게 거듭나는 것이다. 학습에 대한 투자도 없이 기회가 오기를 바란다면, 새로운 기회는커녕 지금까지 누렸던 지위마저 사막의 단비보다 빠르게 사라져버린다.

변화는 생존의 필수이자, 자신의 삶의 질을 높이는 것이다. 변화나 혁신, 더 나은 것으로의 개선을 지속적으로 꾀하는 것은 선택의 문제가 아니라 살아남기 위해 필수적인 과제다.

구성원들이 끝장정신으로 무장한 담쟁이 인재가 돼야 하는 것처럼, 리더도 답을 찾는 조직을 만들기 위해 구성원 이상으로 헌신해야 할 것이다. 무엇보다도 비전을 제시하고 이를 공유하는 노력을 게을리해서는 안 된다. 리더십 전문가 켄 블랜차드는 리더의 덕목에 대해 다음과 같이 말했다.

"리더는 직원들에게 흥미진진한 비전과 조직이 흘러가는 방향성을 제시할 수 있어야 한다. 우리는 무슨 일을 하고, 우리 앞에 어떤 미래가 기다리고 있는지, 그것을 위해 우리는 어떤 행동지침을 가지고 움직여야 하는지, 다양한 비전을 보여줄 수 있어야 한다. 여기에 더해 단계적 목표와 사회적 목표를 가지고 있으면 용기가 나고 강한 의지가 샘솟는다."

아울러 리더는 조직 전체가 이루어야 할 비전을 제시하는 것은 물론, 구성원 개개인에게 각자가 이루고 싶은 목표를 갖게 해야 한다. 그럼으로써 사람들이 가장 갖고 싶어 하는 '성장'이라는 선물을 줄 수 있다. 팀원들의 능력에 따라 '열심히 하면 나도 할 수 있겠다'는 생각이 들 정도의, 가시권에 들어오는 목표를 설정해주는 것이다. 개인의 성장목표와 팀 전체의 목표를 제대로 공유할 수 있다면, 구성원들은 목숨 걸고 자신의 역할을 완수하고자 할 것이다.

작은 일에서도 애써 기회를 찾고, 최고를 추구하고, 변화를 기꺼이 수용하는 것, 그리고 각자의 비전과 목표를 공유하는 것. 이는 어떤 역경 속에서도 흔들리지 않고 미래의 답을 마련해가는 이들이 한시도 잊지 말아야 할 자세다.

순간순간 우리는 미래를 위해 투자하는 것인지도 모른다. 우리의 모든 행위가 그렇다. 미래를 위해 일하고 위로하고 휴식을 취하기도 하고, 미래를 위해 학습하고 훈련을 하고 준비도 한다. 모든 시간들이 미래와 이어져 있다. 이 사실을 잊지 않는다면, 우리는 언제 어디서든 미래를 여는 답을 찾을 수 있다.

당신은 등번호보다
가슴에 새겨진
팀을 먼저 생각하는가?

2006년 독일 월드컵. 프랑스와 이탈리아가 맞붙은 결승전은 사소한 시비 하나로 아수라장이 되었다. 은퇴를 앞둔 '아트사커'의 원조 지단이 이탈리아 선수에게 박치기를 한 것이다. 상대 선수가 지단의 누이를 모욕해서 울분을 참지 못하고 일어난 일이어서 팬들의 동정을 사기도 했다.

그러나 그 대가는 컸다. 지단은 퇴장당했고, 프랑스는 승부차기 끝에 무릎을 꿇고 준우승에 머물렀다. 더욱이 그 경기는 지단의 현역 은퇴경기였던 것. 개인플레이뿐 아니라 팀플레이를 조직하는 능력도 최고로 꼽히는, 존경받는 선수의 마지막 경기라 하기에는 너무 비극적이었다. 나머지 10명의 동료들이 힘들게 싸워야 했고, 그럼에도 결국 패했으니 말이다. 어깨를 두드리며 파이팅을 해야 할 동료들을 도리어 곤경에 빠뜨린 꼴이다. 자기 감정을 다스리지 못하고, 순간적으로 팀을 생각하지 못했던 쓰라린 대가다.

지금까지 우리는 끝장정신으로 끝끝내 답을 찾아야 하는 이유와 방법에 대해 살펴봤다. 이 책에는 어려운 개념이나 생소한 이론은 전혀 없다는 것을 느꼈을 것이다. 어찌 보면 당연히 해야 할 일들을 다시 나열한 것에 지나지 않을지도 모른다. 그러나 해설자가 아니라 실전을 뛰는 선수의 자세로 이 책을 읽었다면, '우리 조직은 어떤가', '나는 어떻게 바뀌어야 하는가'에 대해 한번쯤 다시 생각하게 되었으리라 감히 기대해본다.

책을 마무리하며, 한 가지만 잔소리 삼아 당부를 드리고자 한다. 최고의 답을 찾기 위해 반드시 필요한 '팀플레이 정신'에 대해서다.

직장에서 팀플레이는 필수다. 이미 프로의 세계에 들어서면 실력은 기본이고, 거기에 인품, 품격, 자기관리, 동료들과의 소통능력, 협업정신 등이 합쳐져 실력 이상의 실력이 된다.

개인의 실력도 중요하지만 경기에서는 팀플레이 정신이 더 중요하다. 다 같이 필사적으로 달성할 경영목표를 가지고 함께 뛰어야 한다. 일단 그라운드에 서면 11명의 선수는 등에 새겨진 등번호보다는 왼쪽 가슴에 새겨진 팀을 먼저 생각해야 한다. '내 실적만 채우면 되지', '실력만 있으면 되지' 하며 조직을 생각하지 않는 사람은 혼자만의 생각, 혼자만의 업무에 갇혀 지내기 십상이다. 그러나 당신도 알겠지만, 직장에서 협업 아닌 일이 얼마나 되는가? 능력만 좋다고 인정받고 존경받는 사람이 몇이나 되는가?

내 욕심을 줄이고 공동체에 헌신하면 자신만 손해라고 생각하는 사람들은 하나만 알고 둘은 모르는 것이다. 공동체에 헌신해 성과를 낼 때, 내게 돌아오는 보상은 내 일만 열심히 챙겼을 때보다 크다. 나눠 가질 파이 자체를 키웠기 때문이다. 이것이 일의 묘미다.

사람이기 때문에 우리는 누구나 팀플레이를 망각하기 쉽다. 현실적으로 모든 사람들에게 팀플레이를 강요할 수 있는 것도 아니다. 책임감 있는 이들의 솔선수범이 필요하다. 높은 목표를 가진 사람들이 앞장서야 한다. 리더든 누구든 솔선수범해 허슬플레이를 보여주는 사람들이 많아야 한다. 쇄빙선 같은 인재들 말이다. 그런 곳에는 '리더가 마음에 안 든다, 동료가 마음에 안 든다'며 팀플레이를 외면하는 선수는 붙어 있을 수 없다. 우리는 동료들과 같이 호흡하고 반드시 성과를 내겠다는 의지를 보여줘야 한다. 끝장정신으로 무장한 승리에 대한 집념 말이다.

야구 선수라면 한번쯤 플레이를 해보고 싶은 구단이 있다. 세계 최고의 명문구단인 뉴욕양키스다. 매번 최고의 선수들이 입단하고 매년 강력한 우승후보로 지명되는 팀. 그들이 입는 유니폼은 다른 구단과 다르다. 등 뒤에 선수 개인의 이름이 없다. 이유는 분명하다. '팀에 들어온 프로는 팀플레이의 중요성을 잊어서는 안 된다'는 강력한 메시지다. 그들은 개인 성적보다는 팀의 승리, 팀의 우승을 위해 뛴다는 자부심을 가지고 있다. 누구든 팀에 들어가면 그때부터는 개인보다 팀을 중시해야 한다. 그것은 철칙이다.

우리는 모두 팀플레이를 하는 프로다. 우리는 단식이 아닌 단체경기를 뛰는 선수임을 잊지 말아야 한다. 자신의 등번호보다 가슴에 새겨진 팀정신을 먼저 느낄 때, 답을 찾는 노력은 한층 강한 추진력을 얻게 될 것이다. 승리를 가져다주는 끝장정신도 그렇게 만들어진다.

끝으로 이 책이 나올 수 있도록 애정을 갖고 끝까지 힘써준 쌤앤파커스에 감사의 인사를 드리고 싶다. 그리고 다양한 각도에서 의견을 주셨던 독자분들, 강연장에서 또는 기업 현장에서 많은 소통의 기회를 준 분들과 경영자들께도 감사드린다.

김성호

참고도서

　이 책에서 나는 그동안 강연과 컨설팅을 하며 직접 경험한 일화 외에 인터뷰와 자료 분석을 통해 간접적으로 접한 사례를 다수 소개했다. 또한 개인적인 독단을 피하기 위해 여러 매체의 기사와 전문가 칼럼을 참고했다. 여기에는 단행본을 위주로 참고도서를 정리했다. 지면상 집필에 참고한 모든 자료를 싣지 못하는 점을 양해해주시기 바란다. 아울러 자료 제공과 수집에 도움을 준 많은 분들께 감사드린다.

《가능성의 세계로 나아가라》, 벤저민 잰더 · 로저먼드 잰더, 김영사, 2003.

《경영의 원점, 이익이 없으면 회사가 아니다》, 이나모리 가즈오, 서돌, 2009.

《굿보스 배드보스》, 로버트 서튼, 모멘텀, 2011.

《긍정의 힘》, 조엘 오스틴, 두란노, 2006.

〈다이아몬드〉, 다이아몬드 편집부, 2010년 7월호.

《또라이 제로 조직》, 로버트 서튼, 이실MBA, 2007.

《로마인 이야기》, 시오노 나나미, 한길사, 1995.

《린치핀》, 세스 고딘, 21세기북스, 2010.

《몰입의 즐거움》, 미하이 칙센트미하이, 해냄, 2007.

《발칙한 일 창조 전략》, 리처드 브랜슨, 황금부엉이, 2010.

《불확실성 경영》, 게리 하멜, 21세기북스, 2009.

《삼다수의 전설》, 류랑도, 쌤앤파커스, 2010.

《성공하는 기업들의 8가지 습관》, 짐 콜린스, 김영사, 2002.

《세계 초우량 기업들의 리더십 개발과 조직혁신》, 데이비드 울리히 외, 시그마프레스, 2007.

《세계의 모든 신화》, 케네스 C. 데이비스, 푸른숲, 2008.

《스티브 잡스》, 월터 아이작슨, 민음사, 2011.

《아무것도 못 가진 것이 기회가 된다》, 밴 크로치, 큰나무, 2002.

《야마다 사장, 샐러리맨의 천국을 만들다》, 야마다 아키오, 21세기북스, 2007.

《여럿이 한 호흡》, 트와일라 타프, 21세기북스, 2011.

《위클리비즈 i》, 조선일보 위클리비즈 팀, 21세기북스, 2010.

《위클리비즈 인사이트》, 조선일보 위클리비즈 팀 3기, 어크로스, 2011.

《이나모리 가즈오에게 경영을 묻다》, 이나모리 가즈오, 비즈니스북스, 2009.

《인생을 바꾸는 자기혁명, 몰입》, 황농문, 랜덤하우스코리아, 2007.

《인코그니토》, 데이비드 이글먼, 쌤앤파커스, 2011.

《일본전산 이야기》, 김성호, 쌤앤파커스, 2009.

《잭 웰치와 4E 리더십》, 제프리 크레임스, 한국맥그로힐, 2005.

《필립 코틀러 전략 3.0》, 필립 코틀러, 청림출판, 2011.

《좋은 기업을 넘어 위대한 기업으로》, 짐 콜린스, 김영사, 2002.

《지금 경계선에서》, 레베카 코스타, 쌤앤파커스, 2011.

《켄 블랜차드의 리더의 심장》, 켄 블랜차드, 빅북, 2011.

《프로 팀장이 알아야 할 인사평가와 코칭기술》, 도널드 L. 커크패트릭, 김앤김북스, 2004.

《프로페셔널의 조건》, 피터 드러커, 청림출판, 2001.

《하나 되는 힘, As one》, 머다드 바가이, 청림출판, 2011.

《혁신기업의 딜레마》, 클레이튼 M. 크리스텐슨, 세종서적, 2009.

《황의 법칙》, 이채윤, 머니플러스, 2006.

끝끝내
답을 찾아내는 정신이
당신과
회사를
살린다

답을 내는 조직

2012년 11월 10일 초판 1쇄 | 2024년 1월 11일 49쇄 발행

지은이 김성호
펴낸이 박시형, 최세현

마케팅 양근모, 권금숙, 양봉호 **온라인홍보팀** 신하은, 현나래, 최혜빈
디지털콘텐츠 김명래, 최은정, 김혜정 **해외기획** 우정민, 배혜림
경영지원 홍성택, 강신우, 이윤재 **제작** 이진영
펴낸곳 (주)쌤앤파커스 **출판신고** 2006년 9월 25일 제406-2006-000210호
주소 서울시 마포구 월드컵북로 396 누리꿈스퀘어 비즈니스타워 18층
전화 02-6712-9800 **팩스** 02-6712-9810 **이메일** info@smpk.kr

쌤앤파커스(Sam&Parkers)는 독자 여러분의 책에 관한 아이디어와 원고 투고를 설레는 마음으로 기다리고 있습니
다. 책으로 엮기를 원하는 아이디어가 있으신 분은 이메일 book@smpk.kr로 간단한 개요와 취지, 연락처 등을 보내
주세요. 머뭇거리지 말고 문을 두드리세요. 길이 열립니다.